スマホ、ノイキャンから、
AIまで、これって
どういうしくみなの？

ギズモード・ジャパンのテック教室

GIZMODO

扶桑社

ch World

こんにちは、テックの世界《せかい》へ

はじめに

プログラミング言語《げんご》を学んだことがある人なら、一《いち》度《ど》は〝Hello, World〟を目にしたことがあるのではないでしょうか。この伝統《でんとう》的《てき》な一文は、1978年に出版《しゅっぱん》された『プログラミング言語《げんご》C』で初《はじ》めて紹介《しょうかい》されました。

現代社会《げんだいしゃかい》では、スマートフォンからAIまで、テクノロジーは生活の欠《か》かせない一部《いちぶ》です。

わたしたちギズモードは、身近《みぢか》なガジェットやテクノロジーのしくみ、背景《はいけい》、そして可能性《かのうせい》をなるべくわかりやすくお届《とど》けしています。知ることで広がる、新しい発見《はっけん》と未来《みらい》のワクワクをぜひ体感《たいかん》してください。

さあ、テック・ワールドへようこそ！

Hello, Te

もくじ

リチャードのLet's Explore!

もはやNo Photo No Life!
カメラや画像《がぞう》のこれってどうなってるの？

もくじ

家の中にもテクノロジーがつまってる！ 身《み》のまわりのこれってどうなってるの？

※本誌では、文部科学省の「平成29・30・31年改訂学習指導要領」に基づき、原則として小学校3年生以降で学習する漢字にふりがなを記載していますが、単語の場合は前後の漢字にもふりがなをつけています。また、イラストや図版内の漢字や、コメント、奥付などにについては、ふりがなを記載していない場合もありますのでご了承ください。

※QRコードは株式会社デンソーウェーブの登録商標です。

What's GIZMODO JAPAN

ギズモード・ジャパンは「未来《みらい》への水先案内人《みずさきあんないにん》」をスローガンに、
ウェブサイトの記事《きじ》やSNS、動画《どうが》といったコンテンツを制作《せいさく》。
日々新しいテクノロジー情報《じょうほう》やプロダクトのニュースを発信《はっしん》している集団《しゅうだん》です。

サイトユニット

GIZMODO ✦ GIZMODO ✦ GIZMODO

動画《どうが》ユニット

GIZMODO

GIZMODO

SHIROTA

SAKO

NAKAHASHI

KYLE

YAMAZAKI

GIZMODO

ギズモード・ジャパンの活動内容《かつどうないよう》

ギズモード・ジャパンの活動《かつどう》は、おもにインターネット上のコンテンツを通して触《ふ》れることができます。Webで、SNSで、動画《どうが》で「ギズモード」と検索《けんさく》してみてください。

テキストサイト

日本最大《さいだい》のテック情報《じょうほう》サイト。米国のGIZMODOの日本版《ばん》です。国内外のテクノロジーニュースを紹介《しょうかい》・解説《かいせつ》したり、新製品《しんせいひん》を選《えら》ぶときの指針《ししん》になるようなレビュー記《き》事《じ》を制作《せいさく》したりしています。

動画《どうが》チャンネル

YouTubeやTikTokなどの動《どう》画《が》サービスにあるギズモードチャンネルでは、動画《どうが》でテック情報《じょうほう》をお届《とど》けしています。ライブ配信《はいしん》では、コメントを通して視聴者《しちょうしゃ》のみなさんと交流《こうりゅう》することもあります。

取材活動《しゅざいかつどう》

最新《さいしん》のテック情報《じょうほう》を集《あつ》めるために、国内外のさまざまなイベントを取材《しゅざい》。テックイベントは日本各地《かくち》、世界各地《せかいかくち》で行われているので、あちこち飛《と》び回る忙《いそが》しい仕事《しごと》。

スマホの
進《しん》化《か》がマジで
エグい！

スマホやネットの
これって
どうなってるの？

iPhone《アイフォーン》の誕生《たんじょう》から17年
スマホの進化《しんか》で生活が変《か》わった！

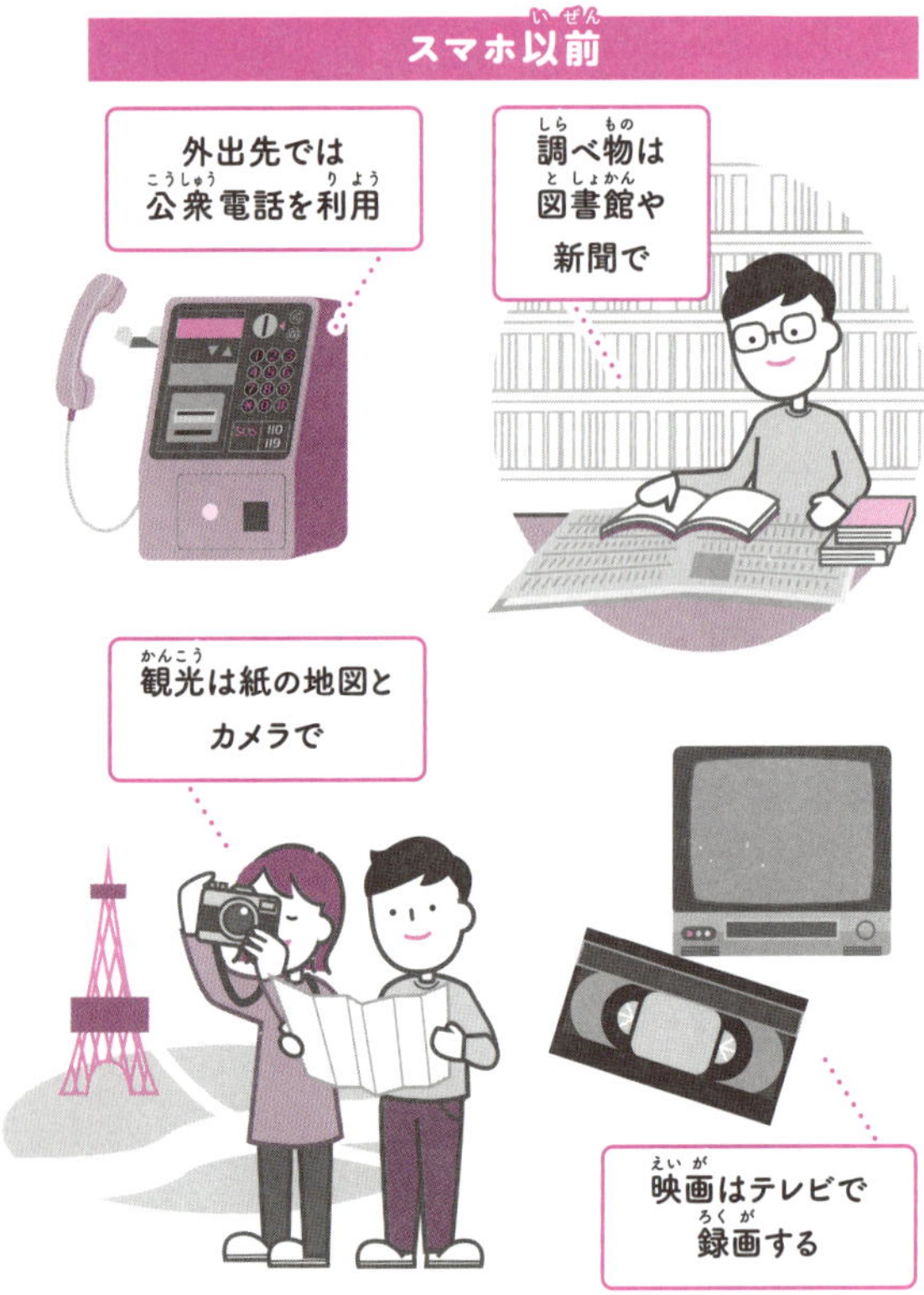

電話もお財布《さいふ》もカメラもスマホ1台でなんでも完結《かんけつ》！

スマホのアラームで起《お》きて、SNS《エスエヌエス》をチェックして、動画《どうが》や写真《しゃしん》を撮《と》ったり、コンビニで支払《しはら》いをしたり、電車にも乗《の》れちゃう、スマホはわたしたちの生活になくてはならない存在《そんざい》ですよね。でも、最初《さいしょ》のスマホが登場《とうじょう》したのは2007年と、実《じつ》はつい最近《さいきん》。意外《いがい》にも歴史《れきし》が浅《あさ》くてビックリです。

スマホ以前《いぜん》は、いまでいうガラケ

スマホ以降《いこう》

スマホで本を読んだり動画《どうが》を見たりすることもできるけど、紙の本で勉強《べんきょう》したほうが記憶《きおく》が定着《ていちゃく》しやすいという研究結果《けんきゅうけっか》も。シーンや自分の好《この》みによって使《つか》い分けたいですね。

ーが主流《しゅりゅう》で、もっと前は携帯《けいたい》電話自体がありませんでした。Appleから発売《はつばい》された初代《しょだい》iPhoneは、持《も》ち歩けるPCと話題《わだい》になりました。革新的《かくしんてき》なタッチ操作《そうさ》に、音楽プレーヤーやカメラなど多彩《たさい》なコンテンツを備《そな》え、たった1日で世界《せかい》を変《か》えたともいわれたんです。

そんなスマホも、現在《げんざい》ではお財《さい》布《ふ》代《が》わりになるタッチ決済《けっさい》や、AI《エーアイ》の搭載《とうさい》、デジカメのように高画質《こうがしつ》なカメラなど、さまざまな機能《きのう》がどんどん追加《ついか》されています。地図や本を持《も》ち歩かなくてもいいし、どこでもアニメや映画《えいが》が見《み》られるのも当たり前。近い未来《みらい》には、スマホを通してAIが人間の仕事《しごと》や暮《く》らしをサポートしてくれそうです。

超《ちょう》キホンだけどよく知らない

スマホのタッチパネルってどういうしくみ？

指《ゆび》で触《さわ》るとタッチパネルの静電気《せいでんき》の量《りょう》が変化《へんか》して反応《はんのう》

指先《ゆびさき》で触《ふ》れるだけで反応《はんのう》するスマホのタッチパネル。最初《さいしょ》はビックリしたけど、すっかり定着《ていちゃく》しましたよね。でもタッチパネルって、いったいどんなしくみで動《うご》いているの？不思議《ふしぎ》です。

　タッチパネルは、薄《うす》い膜《まく》のような部品《ぶひん》で、中にはたくさんの電《でん》極《きょく》が並《なら》んで配置《はいち》され、弱い静電気《せいでんき》をたくわえています。人間のからだも電気を通す性質《せいしつ》があるので、タッチパネルに触《ふ》れると、静電気《せいでんき》が指《ゆび》のほうに流《なが》れます。すると、センサーがどこの電気の量《りょう》が変化《へんか》したのかを読み取《と》って場所《ばしょ》を特定《とくてい》、操作《そうさ》が実行《じっこう》されるというわけ。これは、「静電容量方式《せいでんようりょうほうしき》」というしくみです。

　ちなみに拡大《かくだい》したり、縮小《しゅくしょう》したりするときは、2本の指《ゆび》でタッチして、指《ゆび》の間を広げたりせばめたりしますよね。これは、タッチパネルが複数《ふくすう》の指《ゆび》が触《ふ》れている位置《いち》を特定《とくてい》し、指《ゆび》の間隔《かんかく》が広がると拡《かく》大《だい》、せばまると縮小《しゅくしょう》と認識《にんしき》しているからできるんです。

　手袋《てぶくろ》をしているとスマホが反応《はんのう》しないのは、手袋《てぶくろ》が電気を通さないため、タッチパネルの静電気《せいでんき》が変化《へんか》しないから。手袋《てぶくろ》の指先《ゆびさき》に電気を通す糸を編《あ》み込《こ》んだ、スマホ対応《たいおう》の手袋《てぶくろ》も販売《はんばい》されているので、利用《りよう》してみるのもいいですね。

電気を通せば反応《はんのう》するから、
指以外《ゆびいがい》にタッチペンなんかも
使《つか》えるってことだね。
いつも使《つか》っているスマホって、
こんなしくみだったんだ……！

タッチパネルの中には
縦横《たてよこ》に電極《でんきょく》が並《なら》んで
配置《はいち》され、弱い静電気《せいでんき》を
たくわえている

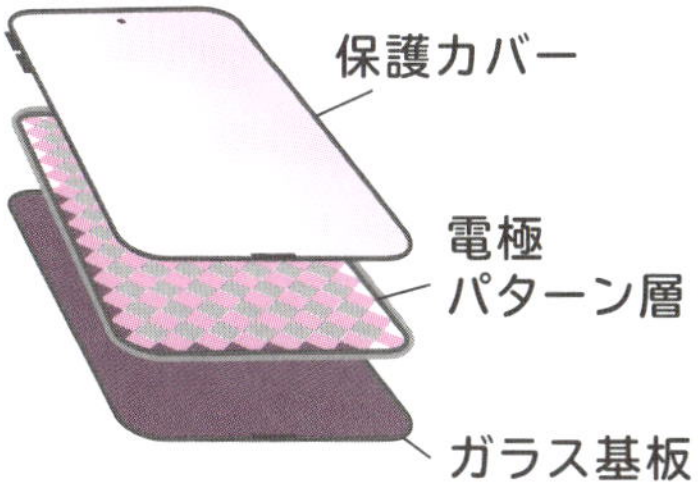

タッチパネルに触《ふ》れると、静電気《せいでんき》が指《ゆび》に流《なが》れる
ことで、どの位置《いち》に触《さわ》ったのかがわかる

CHECK!

静電気《せいでんき》を使《つか》わない「抵抗膜方式《ていこうまくほうしき》」というしくみもある

タッチパネルには、銀行《ぎんこう》の ATM などで使《つか》われている「抵抗膜方式《ていこうまくほうしき》」というしくみもあります。これは、電気を通す 2 枚の膜《まく》がわずかなすき間を あけて張《は》られていて、触《ふ》れると膜《まく》と膜《まく》がくっついて、電流《でんりゅう》が通ったところがわかるというしくみ。電気を通す必要《ひつよう》はないので、ペンや爪《つめ》などで触《さわ》っても反応《はんのう》します。おもちゃなどでもよく利用《りよう》されていますよ。

スマホのワイヤレス充電《じゅうでん》ってどうして ケーブルなしで充電《じゅうでん》できるの？

②充電《じゅうでん》パッドにスマホを近づけると、スマホ内の受電用《じゅでんよう》コイルが磁界《じかい》に反応《はんのう》して電力に変換《へんかん》する

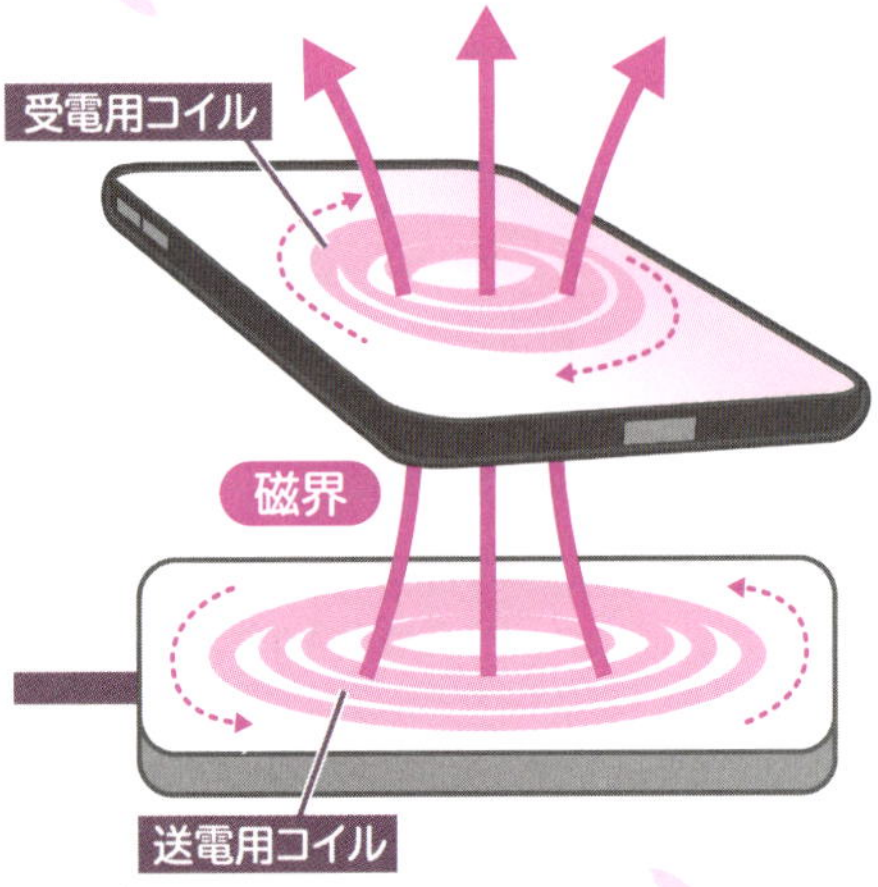

①充電《じゅうでん》パッドの中には送電用《そうでんよう》コイルがあり、電気を流《なが》すとコイルが反応《はんのう》して磁界《じかい》が発生《はっせい》し、空間に放出《ほうしゅつ》される

磁界《じかい》が電流《でんりゅう》を発生《はっせい》させる「電磁誘導《でんじゆうどう》」というしくみ

最近《さいきん》増《ふ》えているスマホのワイヤレス充電《じゅうでん》。使《つか》っている人も多いと思いますが、充電《じゅうでん》パッドにスマホを置《お》くだけで充電《じゅうでん》できるので、とっても便利《べんり》！ でも、どうしてケーブルを使《つか》わないで充電《じゅうでん》できるの？ 不思議《ふしぎ》ですよね。

ワイヤレス充電《じゅうでん》にはいくつかの方式《ほうしき》がありますが、現在《げんざい》は「電磁誘導方式《でんじゆうどうほうしき》」が主流《しゅりゅう》です。この方式《ほうしき》

CHECK! 磁界《じかい》ってなに？ コイルってなに？ 電流《でんりゅう》が磁界《じかい》をつくるってどういうこと？

磁石《じしゃく》にはN極《きょく》とS極《きょく》があり、同じ極《きょく》どうしだと反《はん》発《ばつ》しあい、違《ちが》う極《きょく》どうしだと引き合う力がありますよね。目には見えませんが、この磁石《じしゃく》の力がはたらく空間を磁界《じかい》といいます。

そして、磁界《じかい》をつくるのは磁石《じしゃく》だけじゃないんです。右下の図のように、電気を通す導線《どうせん》をぐるぐる巻《ま》きにしたものをコイルといいますが、このコイルに電流《でんりゅう》を流《なが》すと磁界《じかい》が発生《はっせい》するんです！ ワイヤレス充電器《じゅうでんき》もこのしくみを使《つか》っているんですよ。

磁石《じしゃく》のまわりの磁界《じかい》

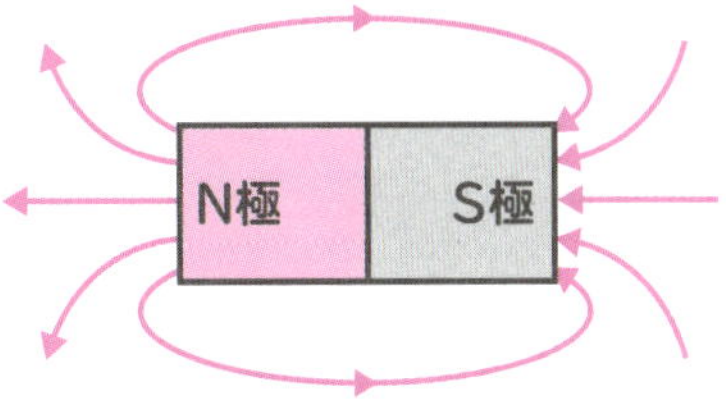

電流《でんりゅう》も磁界《じかい》をつくる

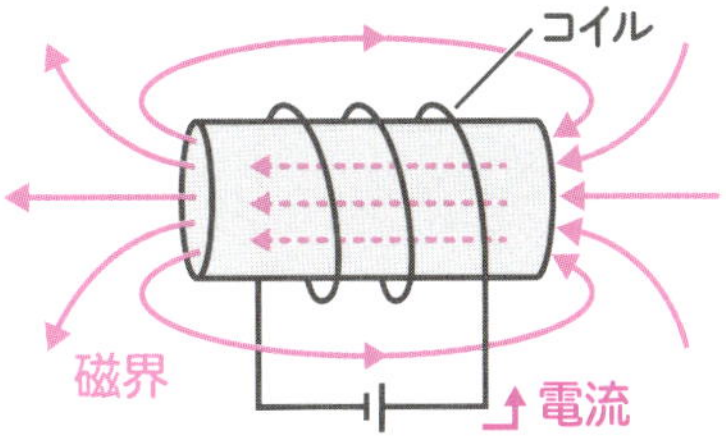

は、「磁界《じかい》に変化《へんか》が生じると磁界《じかい》の中の金属《きんぞく》（導体《どうたい》）に電流《でんりゅう》が発生《はっせい》する」という原理を利用《りよう》しています。

それでは具体的《ぐたいてき》に見ていきましょう。ワイヤレス充電器《じゅうでんき》には送電《そうでん》用《よう》コイルが内蔵《ないぞう》されていて、コイルに電流《でんりゅう》を流《なが》すと磁界《じかい》が発生《はっせい》します。その磁界《じかい》の中にスマホを置《お》くと、スマホの内部《ないぶ》にある受電用《じゅでんよう》コイルが磁界《じかい》に反応《はんのう》し、電磁誘導《でんじゆうどう》により磁力《じりょく》を電力に変換《へんかん》します。その電力をバッテリーに充電《じゅうでん》するというしくみなんです。

なお、ワイヤレス充電《じゅうでん》には「Qi（チー）」「Qi2（チーツー）」や「MagSafe（マグセーフ）」といった規格《きかく》があり、多くのスマホがこの規格《きかく》を採用《さいよう》しています。

イヤホンもマウスもみんな
Bluetooth《ブルートゥース》だけど
Wi《ワイ》-Fi《ファイ》とどう違《ちが》うの？
なんで混線《こんせん》しないの？

使《つか》っている周波数《しゅうはすう》が違《ちが》うから混線《こんせん》が回避《かいひ》できる

インターネット回線もイヤホンも、いまやコードレスが当たり前。Bluetoothも Wi-Fiも、目に見えない電波《でんぱ》でつながっています。でも、こんなに電波《でんぱ》が飛《と》び交っていて混線《こんせん》しないの？

そもそも電波《でんぱ》とは、波《なみ》として空間を伝《つた》わるもので、その電波《でんぱ》に音やデジタルデータをのせて無線通《むせんつう》信《しん》を行っています。波《なみ》は光や音にもあって、たとえば赤色と青色の光、「ド」と「ソ」の音というように、波《なみ》が違《ちが》うと簡単《かんたん》に見分けることができます。電波《でんぱ》の場合は、1秒《びょう》あたりの波《なみ》の数「周波数《しゅうはすう》」で見分けをつけているんです。

この周波数《しゅうはすう》は、Hz（ヘルツ）という単位《たんい》で表《あらわ》しますが、わたしたちが毎日インターネット接続《せつぞく》に利用《りよう》しているWi-Fiは、2・4GHz《ギガヘルツ》や5GHz《ギガヘルツ》など。イヤホンやマウス、キーボードなどの接続《せつぞく》に利《り》用《よう》しているBluetoothは2・4GHz《ギガヘルツ》と、異《こと》なる周波数帯《しゅうはすうたい》の電波《でんぱ》を使用《しよう》しているんです。

さらに、それぞれの周波数帯《しゅうはすうたい》の中で、チャンネルという通信用《つうしんよう》の道が分けられていて、混線《こんせん》しないように工夫《くふう》されています。ちなみに、Bluetoothは、2・4GHz帯《たい》を79ものチャンネルに分けていて、通信《つうしん》中に使用《しよう》するチャンネルを切り替《か》える機能《きのう》を備《そな》えています。

電波《でんぱ》はそれぞれ周波数《しゅうはすう》が異《こと》なり、Bluetooth《ブルートゥース》は2.4GHz、Wi-Fi《ワイファイ》は2.4GHzと5GHzなどの周波数帯《しゅうはすうたい》を使用《しよう》している

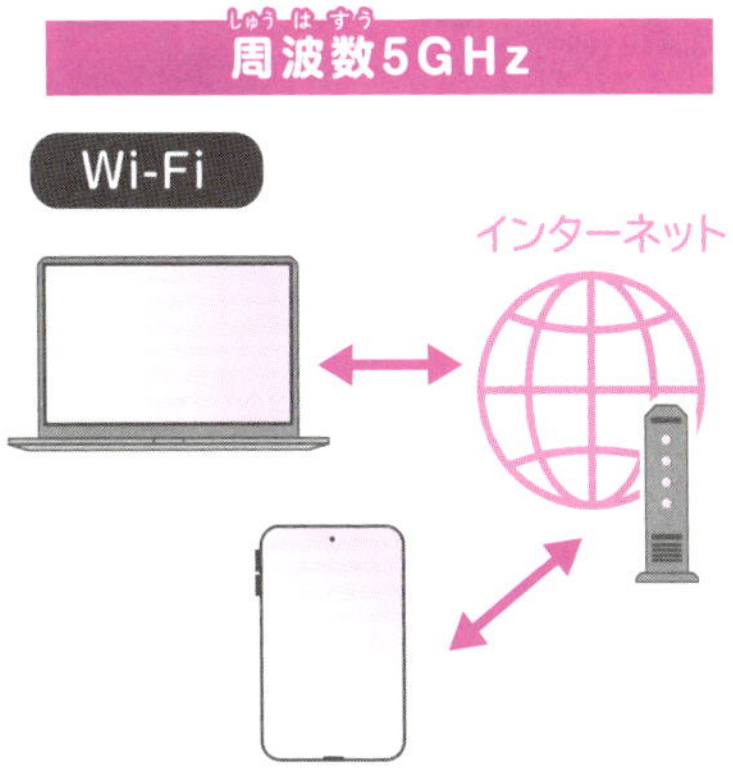

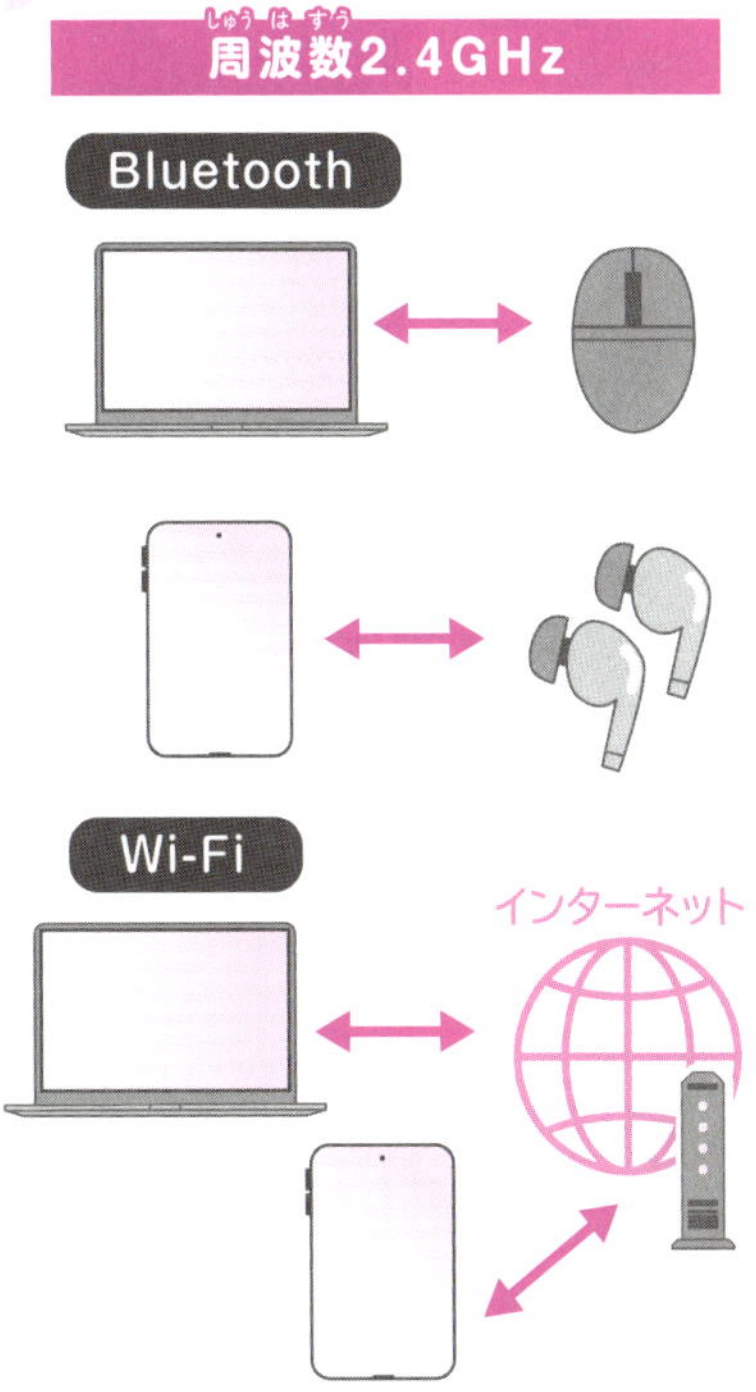

Bluetooth《ブルートゥース》は近くの機器《きき》どうしの接続《せつぞく》に、Wi-Fi《ワイファイ》はおもに100～500mの距離《きょり》までの機器《きき》との接続《せつぞく》に使用《しよう》されている

CHECK!

2.4GHzの周波数帯《しゅうはすうたい》は混線《こんせん》しやすいの？

Bluetoothや Wi-Fiが利用《りよう》している2.4GHzの周波数帯《しゅうはすうたい》は、実《じつ》は、他《ほか》にもいろいろな機器《きき》が使用《しよう》しています。電子レンジのマイクロ波《は》も同じ周波数帯《しゅうはすうたい》！ なので、比較的混線《ひかくてきこんせん》しやすいのは確《たし》かです。Wi-Fiの場合は、5GHz帯《たい》を利用《りよう》することで混線《こんせん》を避《さ》けることができます。また、Bluetoothには、短《みじか》い間隔《かんかく》で次々《つぎつぎ》に使用《しよう》するチャンネルを切り替《か》える機《き》能《のう》があり、これにより安定《あんてい》した通信《つうしん》ができるように工夫《くふう》されています。

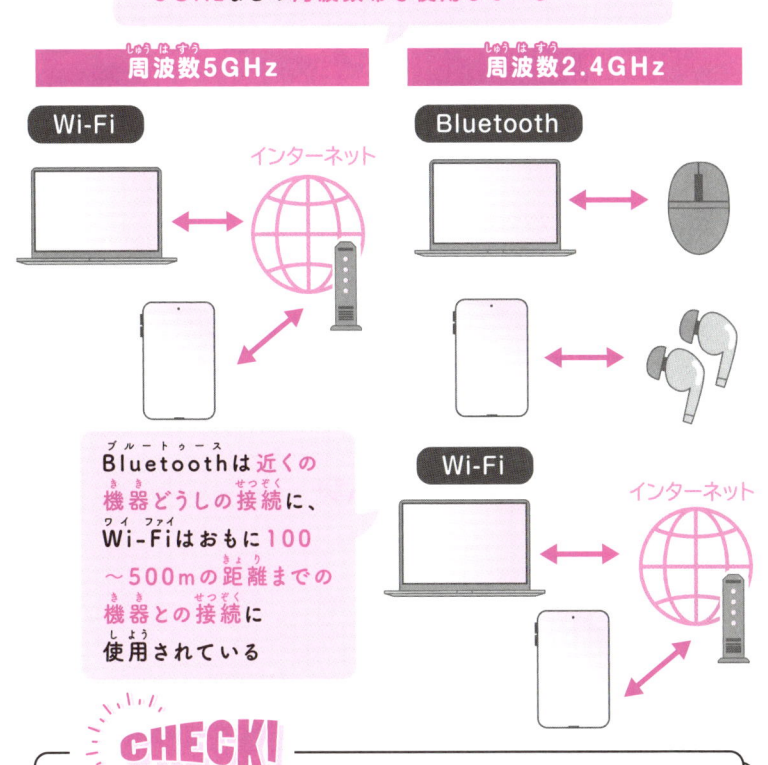

リチャードの
Let's Explore!

スマホ、Wi《ワイ》-Fi《ファイ》、イヤホン……etc. 電波《でんぱ》で無線通信《むせんつうしん》しているけど、どうして情報《じょうほう》を伝《つた》えられるの？

情報《じょうほう》を伝《つた》える電波《でんぱ》は言葉《ことば》を伝《つた》える声に似《に》ている

スマホなどのデジタル機器《きき》でインターネットの動画《どうが》を見たいとき、モバイル通信《つうしん》やＷｉ－Ｆｉを使《つか》いますよね。それはつまり、映像《えいぞう》や音声といった情報《じょうほう》が電波《でんぱ》にのって届《とど》いているということ。

電波《でんぱ》は人に見えも聞こえもしないので、そこに情報《じょうほう》がのっているのはイメージしにくいかもしれません。でも、そのしくみはわたしたちの「声」にかなり似《に》ているといえるんです。

人はなにかを伝《つた》えたいとき、なにげなく2つのステップを踏《ふ》んでいますよね。①考えや情報《じょうほう》を頭の中で言葉《ことば》に変換《へんかん》してから、②その言葉《ことば》を「音＝声」として発《はっ》しています。ではもし、言葉《ことば》が「0」と「1」で、声が電波《でんぱ》だとしたら？

①情報《じょうほう》を「0」と「1」のデジタル信号《しんごう》に変換《へんかん》して、②デジタル信号《しんごう》を電波《でんぱ》として発《はっ》する。まさしくこれが、デジタルで電波《でんぱ》な世界《せかい》なんです。情報《じょうほう》を「0」と「1」に変換《へんかん》するしくみは82ページでご説明《せつめい》するとして、どのようにして「0」と「1」を電波《でんぱ》で表《あらわ》しているのか？ 実《じつ》は、これも人の声に似《に》ているんです。

声は空気の波《なみ》、つまり音として伝《つた》わります。仮《かり》に、音の大きさを波《なみ》の高さ、音程《おんてい》を波《なみ》の細かさだとしてみましょう。わたしたちは、音の波《なみ》の高さと細かさを複雑《ふくざつ》に組

言葉《ことば》を伝《つた》える「声」

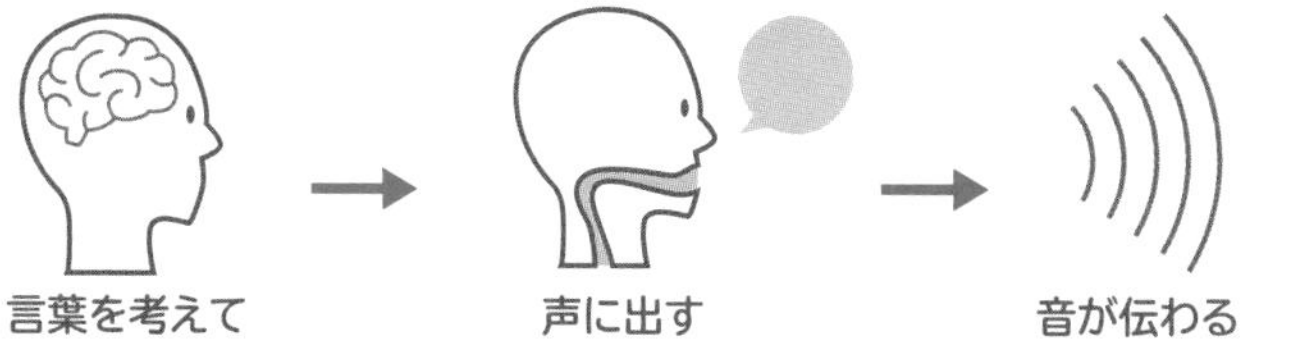

情報《じょうほう》を伝《つた》える「電波《でんぱ》」

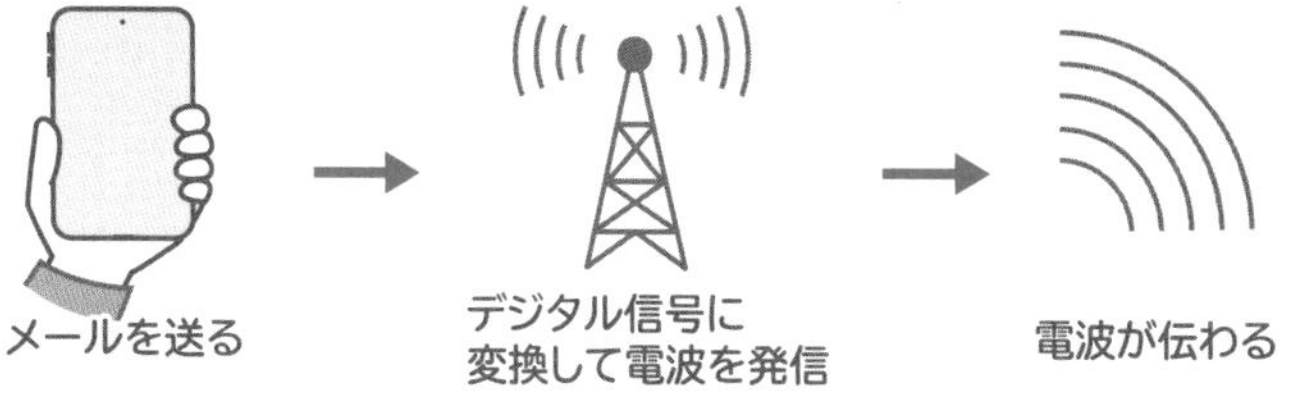

電波《でんぱ》で「0」と「1」を表《あらわ》すってどういうこと？

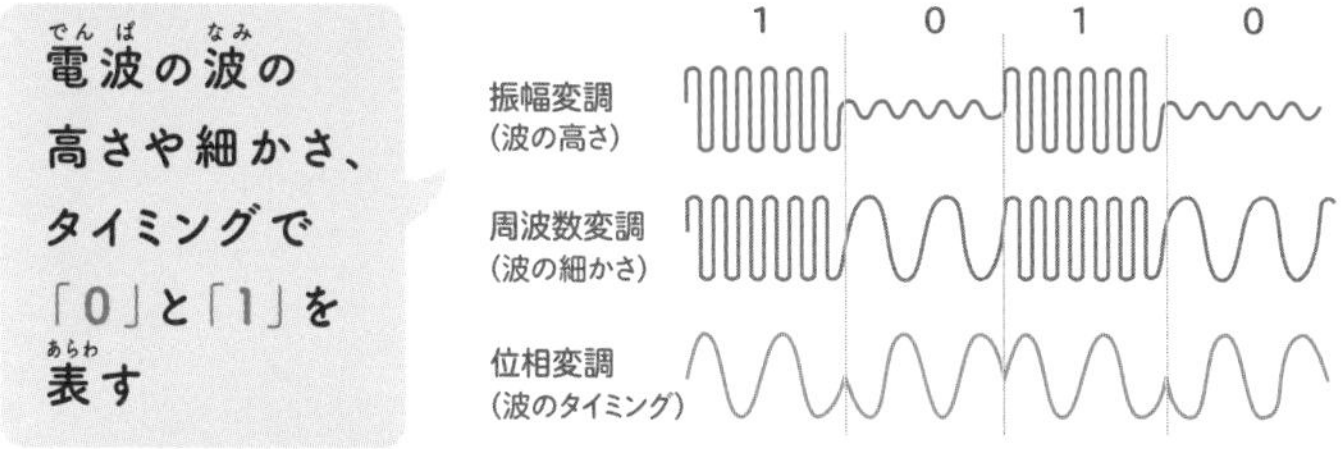

み合わせることで、日本語の五十音を発《はっ》しています。

同じように、電波《でんぱ》にも波《なみ》の性質《せいしつ》があるので、波《なみ》の高さや細かさを複雑《ふくざつ》に組み合わせることができます。波《なみ》の「進《すす》み具合《ぐあい》（タイミング）」を組み合わせることもありますね。これらの電波《でんぱ》の発《はっ》し方の組み合わせを予《あらかじ》め「0」と「1」に割《わ》り当てておけば、「0」と「1」のデジタル情報《じょうほう》を電波《でんぱ》で表《あらわ》せるわけです。

ちなみに、電波《でんぱ》の発《はっ》し方の組み合わせを増《ふ》やせると情報《じょうほう》をより濃《のう》密《みつ》にのせられるようになるので、通信速度《つうしんそくど》の向上《こうじょう》につながります。五十音ではなく二百音で話すようなものでしょうか。もはや聞き取《と》りすら難《むずか》しそうですね。

国際《こくさい》電話だと高額《こうがく》なのに LINE《ライン》やFace《フェイス》Time《タイム》なら 通話料金《りょうきん》がかからないのはどうして？

インターネットの利用《りよう》で通話代《つうわだい》がかからなくなった!?

海外旅行中《りょこうちゅう》に日本に国際《こくさい》電話をかけたら、電話代《でんわだい》がとんでもない金額《きんがく》になってしまった……、なんて話を聞いたことはありませんか？ 電話をかけると普通《ふつう》は通話料《りょう》がかかるのに、LINEやFaceTimeだと無料《むりょう》で通話できるって不思議《ふしぎ》ですよね。どんなしくみになっているのでしょうか。

通常《つうじょう》の電話では、音声は電気信《しん》号《ごう》（デジタル信号《しんごう》）に変換《へんかん》後、電話会社の専用《せんよう》回線と中継局《ちゅうけいきょく》を経由《けいゆ》して音声が届《とど》けられます。なので、通話先までの距離《きょり》が遠いほど、多くの中継局《ちゅうけいきょく》を経由《けいゆ》する必要《ひつよう》があり、その分通話料《りょう》も高くなります。

特《とく》に国際《こくさい》電話の場合は、発信国《はっしんこく》から受信国《じゅしんこく》までの間に、複数《ふくすう》の電話会社を経由《けいゆ》することになり、その分通話料金《りょうきん》は高くなってしまうんですね。

一方、LINEやFaceTimeはインターネットを介《かい》してデータを送受信《そうじゅしん》するしくみです。そのため、かかるのはネット使用料《しようりょう》だけで、通話料《りょう》が発生《はっせい》しません。

かつては要件《ようけん》だけをパパッと話して、急《いそ》いで切っていた長距離《ちょうきょり》電話や国際《こくさい》電話が、いまや距離《きょり》を気にせず話せるツールに！ 将来《しょうらい》は海外のみならず、宇宙《うちゅう》とも通話料《りょう》無料《むりょう》で話せる日が来るかもしれませんね！

電話番号《ばんごう》にかける音声通話は、専用《せんよう》の電話回線を使用《しよう》している。
いくつもの中継局《ちゅうけいきょく》を経由《けいゆ》するので、遠くに電話するほど通話料《りょう》は高くなる

電話回線（音声通話）

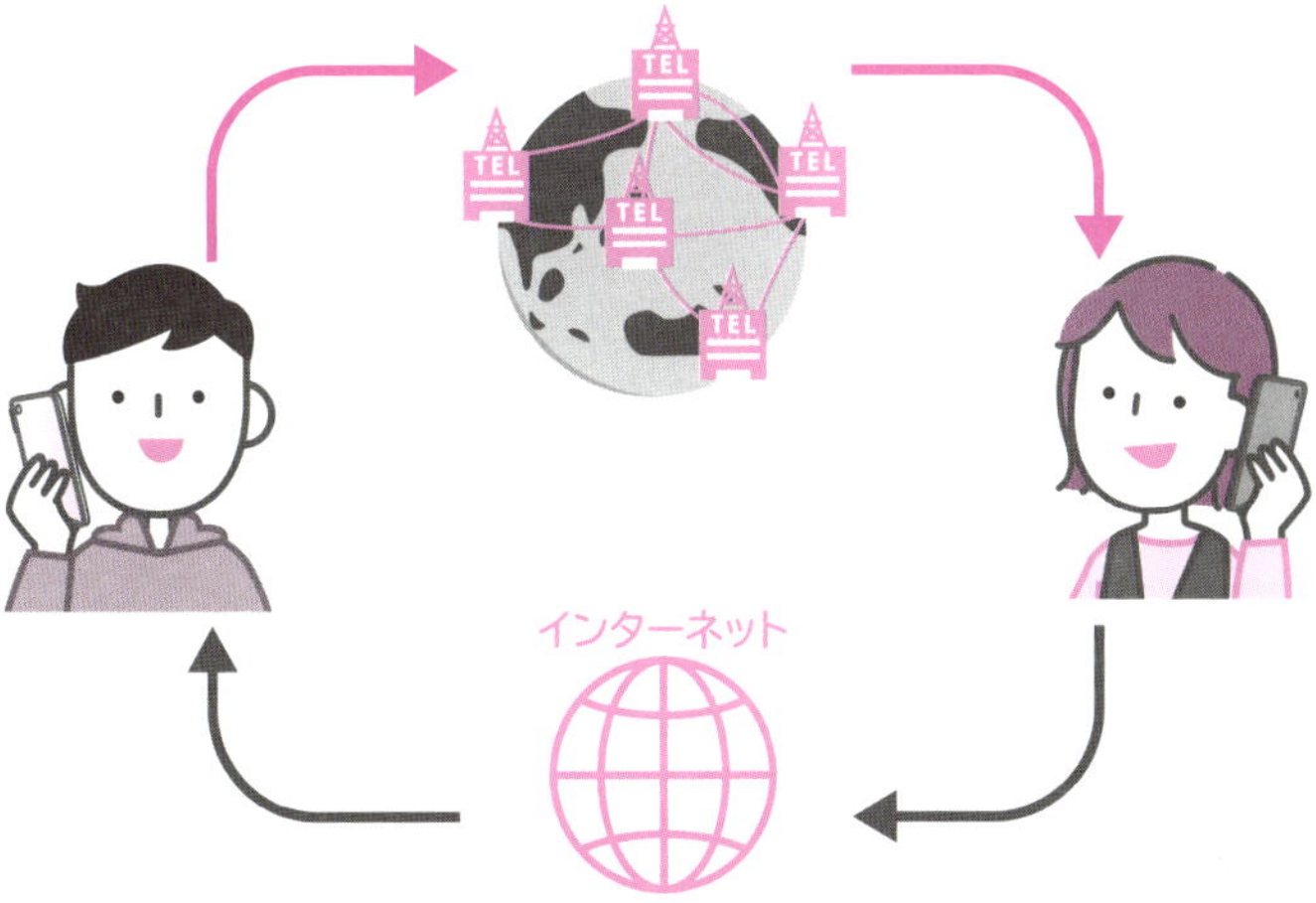

インターネット（データ通信《つうしん》）

LINE通話やFaceTimeはインターネットを利用《りよう》したデータ通信《つうしん》。
音声を共用《きょうよう》のネットワークで送受信《そうじゅしん》しているので、
通話料《りょう》はかからない。でも、通信料金《つうしんりょうきん》は必要《ひつよう》なのでご注意《ちゅうい》を

CHECK!

音声通話で聞こえる声は合成音《ごうせいおん》ってホント？

スマホの電話アプリや一般的な固定《こてい》電話の音声は、実《じつ》は本人の声ではなく合成《ごうせい》されたデジタル音だって知ってますか？ 昔《むかし》の電話回線では音声をそのまま波《なみ》として伝《つた》えていましたが、現在《げんざい》の通話やIP電話では、音声をあらかじめ決《き》められた合成音《ごうせいおん》の組み合わせで伝《つた》えているんです。合成音《ごうせいおん》のパターンはなんと約《やく》43億《おく》通り！ そこから本人の声に一番近い音が選《えら》ばれるそうです。

リチャードの Let's Explore!

電話もインターネットも海外と簡単《かんたん》につながるのは海底《かいてい》に張《は》りめぐらされた海底《かいてい》ケーブルとCDN《シーディーエヌ》のおかげ

海外の動画《どうが》がスグ見れるのは 2つのしくみがあるから

スマホで動画《どうが》を見ているとき、その動画《どうが》のデータはアメリカから届《とど》いていることがあります。そしてほとんどの場合、人工衛星《えいせい》も電《でん》波《ぱ》も使《つか》っていないんです。

人工衛星《えいせい》は、通信《つうしん》できる容量《ようりょう》の少なさと、値段《ねだん》の高さがネック。電波《でんぱ》は、基本的《きほんてき》に直進《ちょくしん》することから、地球《ちきゅう》の丸さに対応《たいおう》させにくいのがネック。意外《いがい》ですよね。

なので、アメリカを含《ふく》めた国外とのインターネット通信《つうしん》の99%は、「海底《かいてい》」か「コピー」の方法《ほうほう》で行なわれています。「海底《かいてい》」の方法《ほうほう》は、海底《かいてい》ケーブルを使《つか》います。アメリカと日本の間に数千キロにわたって横《よこ》たわる太平洋《たいへいよう》の海底《かいてい》には、何本もの「光ファイバーケーブル」が沈《しず》められていて、日米を物理的《ぶつりてき》につないでいます。そのケーブルの中を、データをのせた光が行き来することで、動画《どうが》などのデータが日本に届《とど》くわけです。地球規《ちきゅうき》模《ぼ》の光のサーキットといえます。

ただし、「長すぎる」のが弱点です。アメリカ西海岸《にしかいがん》を出発《しゅっぱつ》した光が日本に届《とど》くには、約0・05秒《びょう》かかります。でも東京から大阪《おおさか》ならたった0・005秒《びょう》ほど。

そこで、「コピー」の方法《ほうほう》の出番です。日本に住《す》んでいる人がよくアクセスするデータは、日本にコピー版《ばん》を置《お》いておけばラクです

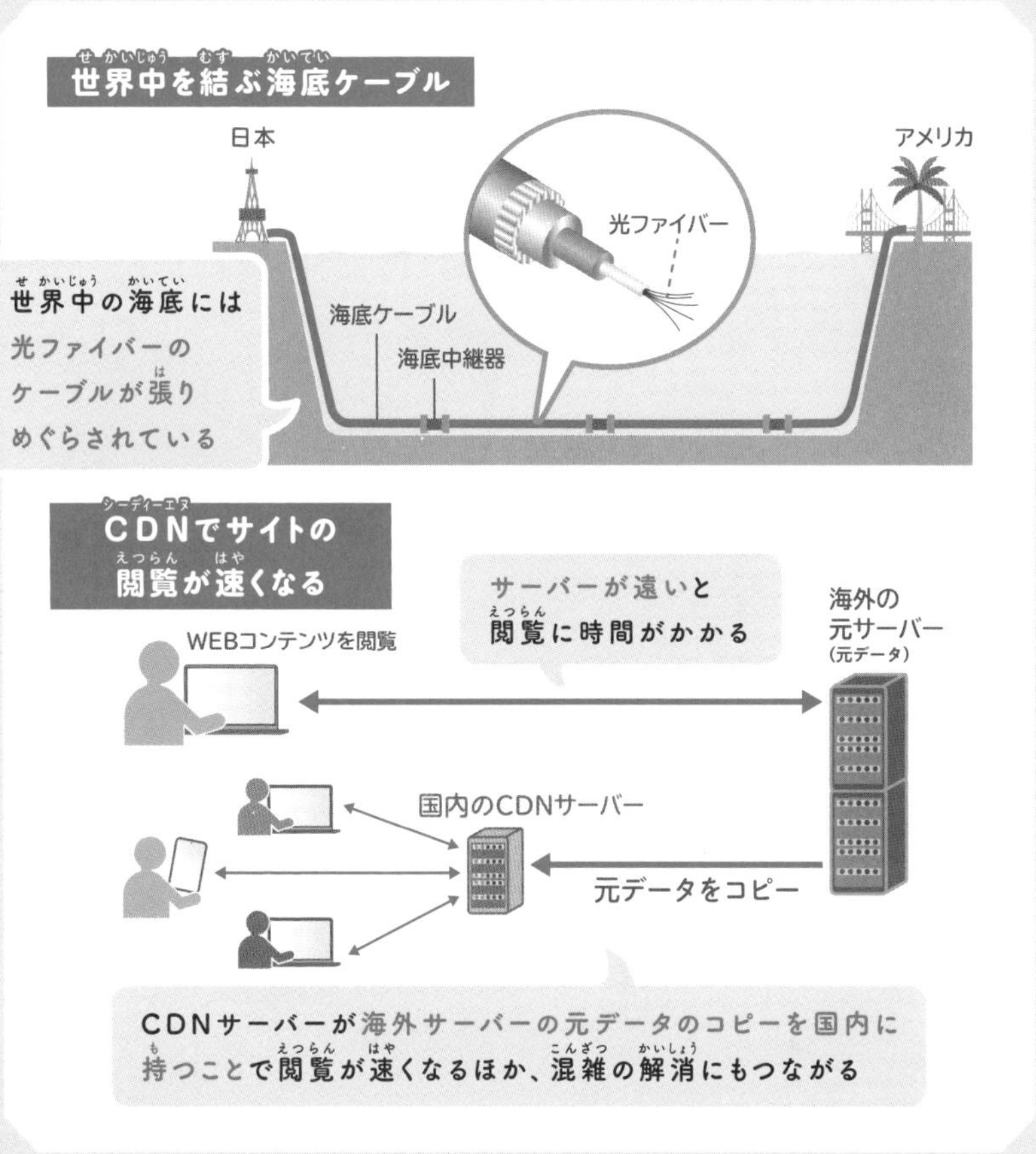
世界中《せかいじゅう》を結《むす》ぶ海底《かいてい》ケーブル
日本
アメリカ
光ファイバー
海底ケーブル
海底中継器
世界中《せかいじゅう》の海底《かいてい》には光ファイバーのケーブルが張《は》りめぐらされている
CDN《シーディーエヌ》でサイトの閲覧《えつらん》が速《はや》くなる
サーバーが遠いと閲覧《えつらん》に時間がかかる
WEBコンテンツを閲覧
海外の元サーバー
(元データ)
国内のCDNサーバー
元データをコピー
CDNサーバーが海外サーバーの元データのコピーを国内に持《も》つことで閲覧《えつらん》が速《はや》くなるほか、混雑《こんざつ》の解消《かいしょう》にもつながる

よね。これは「コンテンツ配信《はいしん》ネットワーク」CDN《シーディーエヌ》と呼《よ》ばれるしくみです。いわば、冷蔵庫《れいぞうこ》のようなもの。まとめ買いをして入れておくと、毎回お店まで買いに行かずにすみます。データも同じ感《かん》覚《かく》で、コピーが国内にあれば、わざわざ海を越《こ》えることなく、国内からサッと届《とど》けてもらえます。

もちろん、データのコピーには海底《かいてい》ケーブルを使《つか》うわけですが、人気の動画《どうが》がスグ見られるのは、CDNのおかげなんです。

逆《ぎゃく》に、動画《どうが》がスタートするまでが長いときは、コピーが見当たらなくて、海底《かいてい》ケーブルを通っている証《あかし》かも？　人気になる前の動画《どうが》をタップしたのかもしれません。

ノイズキャンセリングのイヤホンって どうやって雑音《ざつおん》を消《け》してるの？

イヤホンのマイクで外部《がいぶ》の音を収集《しゅうしゅう》し、その音と真逆《まぎゃく》の波形《はけい》の音波《おんぱ》をつくって、再生《さいせい》する

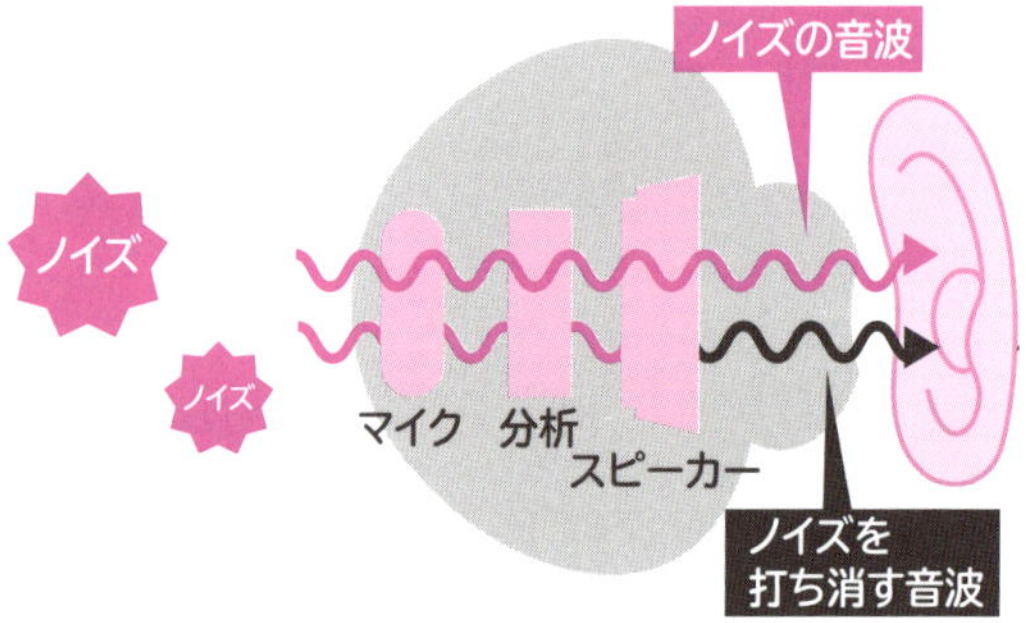

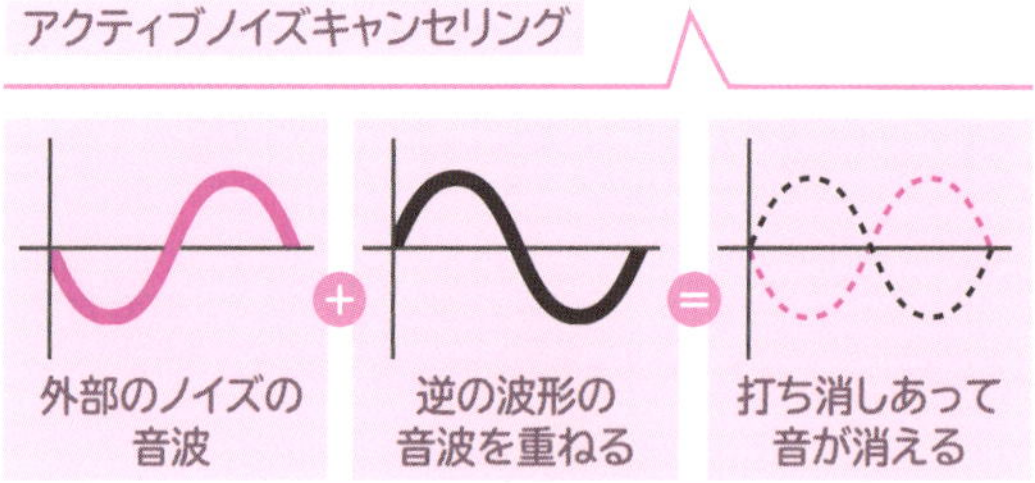

音のしくみを知れば ノイキャンの魔法《まほう》がわかる

電車や街《まち》なかを見渡《みわた》すと、多くの人がイヤホンやヘッドホンを着《つ》けていますよね。でも、こんなにうるさくて音楽や動画《どうが》に集中《しゅうちゅう》できるの？　と思いませんか？　実《じつ》は近年、イヤホンやヘッドホンにはこうした環境向《かんきょうむ》けの機能《きのう》があるんです。

それが、ノイズキャンセリング、縮《ちぢ》めて「ノイキャン」。ANC《エーエヌシー》（アクティブノイズキャンセリング）

CHECK! 音ってなに？ 音はどうやって伝《つた》わるの？

音の性質《せいしつ》なんていわれても、そもそも「音ってなんだ？」となりますよね。音の正体《しょうたい》は物《もの》が振動《しんどう》するときに生まれる波《なみ》（音波《おんぱ》）なんです。音源《おんげん》から生まれた振動《しんどう》が音波《おんぱ》として空気を伝《つた》い、耳の中の「鼓膜《こまく》」を揺《ゆ》らすことで、私たちの脳《のう》はそれが「音」であると認識《にんしき》します。水中や糸電話でも音が聞こえるのは、空気の代《か》わりに水や糸が音の振動《しんどう》を伝《つた》えてくれるから。そのため、音の振動《しんどう》を伝える物質《ぶっしつ》がない真空《しんくう》や宇宙《うちゅう》空間では音は伝《つた》わらないのです。

ノイキャンには、逆《ぎゃく》パターンとして、送信《そうしん》する音に対《たい》してノイズの除去《じょきょ》を行う「CVC（Clear Voice Capture）」という機能《きのう》もあります。これは通話時などに役立《やくだ》ちますね！

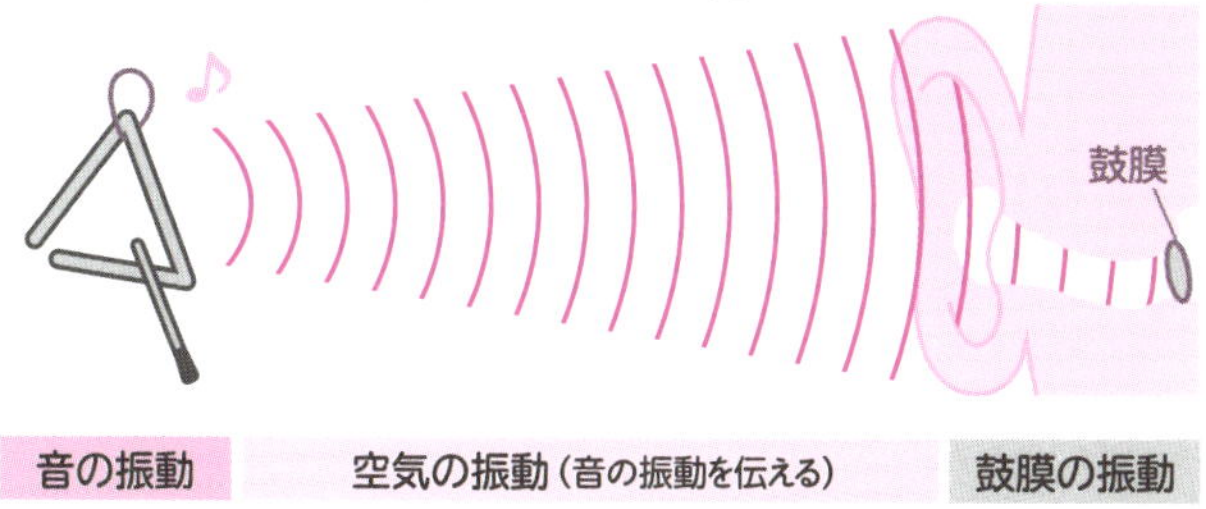

ともいわれる機能《きのう》で、有効《ゆうこう》にすると、まるで手で耳を押《お》さえたように、周囲《しゅうい》がスンッと静《しず》かになるんです。でも、どうして音が消《き》えるの？ 不思議《ふしぎ》ですよね！

その秘密《ひみつ》は音の性質《せいしつ》。音は波《なみ》（音波《おんぱ》）として空気中《くうきちゅう》を伝《つた》わります。このとき、音の波《なみ》と真逆《まぎゃく》（逆位《ぎゃくい》相《そう》）の波《なみ》を発生《はっせい》させると、波《なみ》が打《う》ち消《け》し合って音が消《き》えるのです。

ノイキャンはこの原理を利用《りよう》しています。マイクで周囲《しゅうい》の音を集《あつ》め、デジタル処理《しょり》で真逆《まぎゃく》の音波《おんぱ》を出して音を打《う》ち消《け》しているんですね。ただ、音が完全《かんぜん》に消《き》えるわけではないので、耳元《みみもと》での悪口《わるぐち》はやめておきましょう。万が一聞こえちゃったら大変《たいへん》ですので！

スマホの歩数計って どうして歩数を数えられるの？

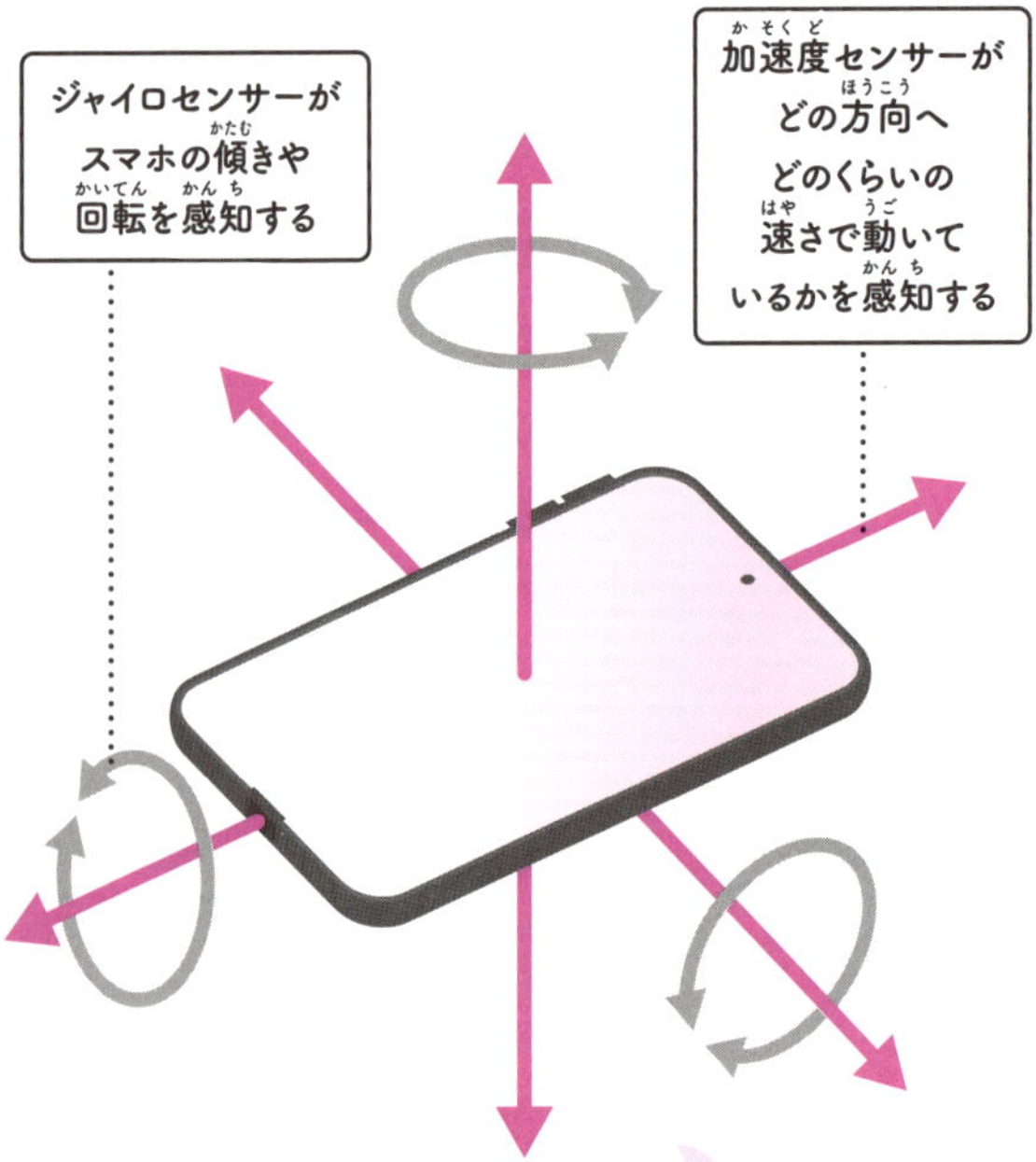

スマホは、加速度《かそくど》センサーとジャイロセンサー、2つのセンサーで、**歩いている状態《じょうたい》かどうかを判断《はんだん》する**

スマホのセンサーで「歩いているな？」を推測《すいそく》する

「今日の歩数は3000歩です」なんて、持《も》ち歩いているだけで歩数やカロリーを教えてくれるスマホの歩数計。ポケットやカバンの中に入れたままなのに、なぜそんなこと知っているの!? と不思議《ふしぎ》に思いませんか？ お答えします。ずばりこれはセンサーのおかげ。

　スマホには、多くのセンサーが搭載《とうさい》されていますが、歩行の計測《けいそく》

CHECK!

いろいろな場面《ばめん》で活躍《かつやく》する加速度《かそくど》センサーとジャイロセンサー

加速度《かそくど》センサーとジャイロセンサーは、歩数計のほかにも、スマホ画面《がめん》の自動回転《じどうかいてん》や、カメラの手《て》振《ぶ》れ補正《ほせい》などにも不可欠《ふかけつ》。最近《さいきん》ではARやMRといった拡張現実《かくちょうげんじつ》や複合現実《ふくごうげんじつ》アプリでも、位置《いち》の測定《そくてい》に大活躍《だいかつやく》しています。さらにドローンや航空機《こうくうき》、人工衛星《えいせい》の姿勢《しせい》を保《たも》つためにもこれらのセンサーが役立《やくだ》っているんですよ。

手のひらにおさまるスマホから、手をのばしても届《とど》かない宇宙《うちゅう》まで、さまざまな場所で活躍《かつやく》している大事《だいじ》なセンサーなのです。

2つのセンサーは、動《うご》きのデータを集《あつ》めるだけ。それを「これは歩数だ！」と判断《はんだん》するのは、スマホのプログラムでやっているんです！

マエノ

歩くとスマホが上下に揺《ゆ》れて、2つのセンサーが、これは歩いている状態《じょうたい》だなと判断《はんだん》、歩数をカウントする

には、おもに「加速度《かそくど》センサー」と「ジャイロセンサー（ジャイロスコープ）」が使《つか》われます。加速《かそく》度《ど》センサーは、スマホがどれくらい速《はや》く動《うご》いているかを測《はか》っていて、ジャイロセンサーは、スマホがどの方向《ほうこう》に向《む》いているか、回転《かいてん》や傾《かたむ》きなどを計測《けいそく》。これら2つのデータを組み合わせることで、スマホに伝《つた》わる上下の揺《ゆ》れや向《む》きから「むむっ、これは歩いているな」と歩数を推測《すいそく》しているのです。

そう、実《じつ》は歩数は推測《すいそく》。なので、うまくリズムを合わせてスマホを上下に振《ふ》ると、歩数をかせげることも。まあ、だませてもイイコトはありませんけどね。健康《けんこう》のためにもちゃんと歩きましょう！

最近話題《さいきんわだい》の

折《お》りたたみスマホってどうして曲《ま》げても大丈夫《だいじょうぶ》なの？

曲《ま》がるパネル、曲《ま》がるガラス……スマホ素材《そざい》の進化《しんか》はスゴい！

最近街《さいきんまち》なかやケータイショップでも、ちょっと変《か》わったスマホを見かけるようになりましたよね。一見すると普通《ふつう》のスマホですが、パカッと開くとタブレットサイズに！　そう、折《お》りたたみスマホです。でも、「画面《がめん》を折《お》り曲《ま》げてバキッと割《わ》れないの？」と不安《ふあん》に感《かん》じる人も多いのでは？　でもご安《あん》心《しん》を。そこにはちゃんと折《お》り曲《ま》げられる素材《そざい》が使《つか》われています。

こうしたスマホの折《お》りたたみ構《こう》造《ぞう》を実現《じつげん》できたのは、「有機《ゆうき》E《イー》L《エル》」というディスプレイパネルが登場《とうじょう》したおかげです。有機《ゆうき》ELには電気が通うことで、自ら発光《はっこう》する特性《とくせい》があるため、従来《じゅうらい》の「液《えき》晶《しょう》」ディスプレイパネルでは不可《ふか》欠《けつ》だったバックライトが不要《ふよう》になり、その分、薄《うす》く曲《ま》げやすくなったというわけ。

とはいえ、スマホ画面《がめん》にはガラスも使《つか》われています。かたいガラスですから、折《お》ったら大変《たいへん》なことになりそうですが、実《じつ》はガラスも研究《けんきゅう》により薄《うす》く割《わ》れにくい、曲《ま》がるガラスが誕生《たんじょう》しているんです。

こうしてスマホは性能《せいのう》がアップするだけでなく、スマホそのものをつくるための素材《そざい》や技術《ぎじゅつ》も進化《しんか》。新《あたら》しいテクノロジーが採用《さいよう》されることで、デザインや使《つか》い方すら、年々発展《はってん》していっているのです。

液晶《えきしょう》ディスプレイ

有機《ゆうき》EL《イーエル》ディスプレイ

画面《がめん》が曲《ま》げられるほど超薄型《ちょううすがた》のガラス

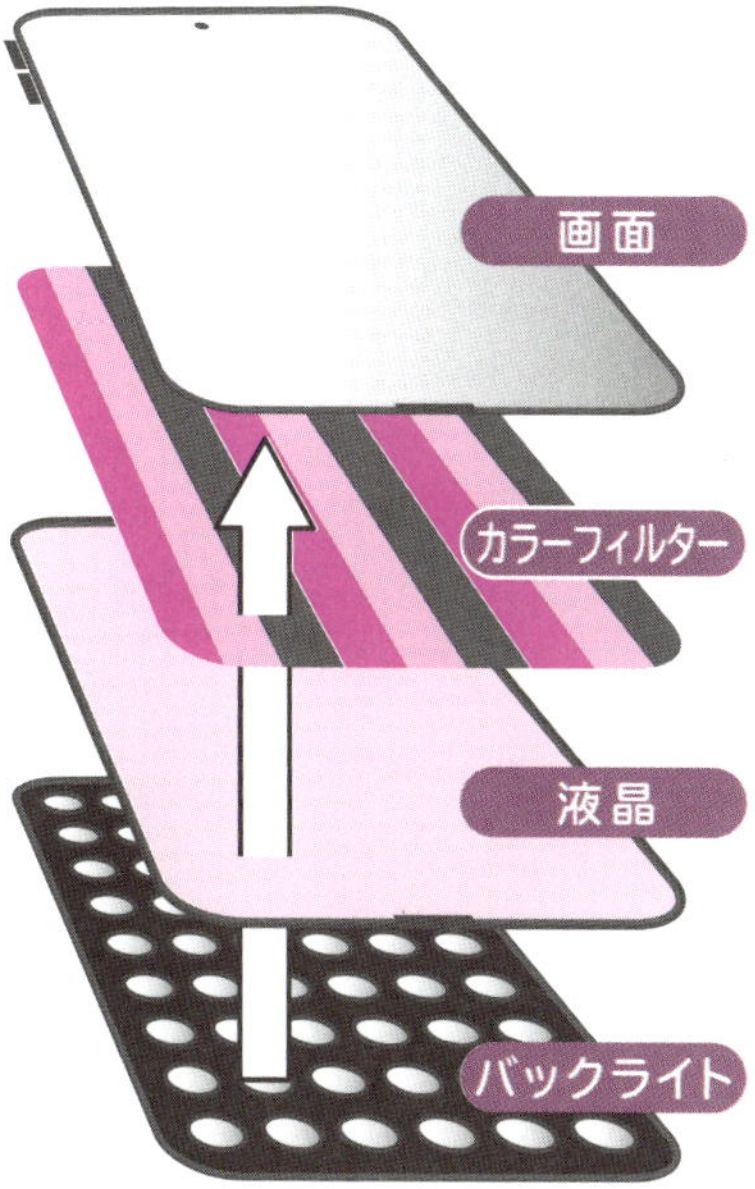

有機《ゆうき》EL《イーエル》は、赤・緑《みどり》・青の独立《どくりつ》した発光体《はっこうたい》が光るので、バックライトが不要《ふよう》になり、その分薄《うす》くできる

CHECK!

有機《ゆうき》EL《イーエル》ってなに？ それ自体が光るってどういうこと？

有機《ゆうき》ELは、有機《ゆうき》Electro-Luminescence（エレクトロルミネッセンス）の略《りゃく》で、特定《とくてい》の有機物質《ゆうきぶっしつ》に電気を通すと、物質《ぶっしつ》自体が光る現象《げんしょう》を使《つか》った発光技術《はっこうぎじゅつ》。有機物質《ゆうきぶっしつ》の種類《しゅるい》によって出す色の光が変《か》わるので、有機《ゆうき》ELディスプレイでは、光の三原色である赤・緑《みどり》・青（RGB）の有機《ゆうき》EL素《そ》子《し》で映像《えいぞう》を表現《ひょうげん》しています。光らせなければ「完璧《かんぺき》な黒」も表現《ひょうげん》できるので、映像《えいぞう》の高画質化《こうがしつか》にもひと役《やく》買っているんです。

SNS《エスエヌエス》やYouTube《ユーチューブ》で 人によって異《こと》なるコンテンツが表示《ひょうじ》されるのはどうして？

アルゴリズムによって提案《ていあん》される情報《じょうほう》が変《か》わるから

一日に何度《なんど》もチェックしてしまうSNSやYouTube。タイムラインを眺《なが》めていると、「気になっている情報《じょうほう》がたくさん出てくるぞ」なんて思ったことはありませんか？　それはあなたがトレンドに敏感《びんかん》だから……というだけでなく、実《じつ》は見る人の興味《きょうみ》や好《この》みに合った内容《ないよう》になっているのです。

これらのサービスでは、誰《だれ》にどの投稿《とうこう》を表示《ひょうじ》するのかを「アルゴリズム」に沿《そ》って決《き》めています。サービスによりアルゴリズムは異《こと》なりますが、基本的《きほんてき》にはユーザー情報《じょうほう》や閲覧履歴《えつらんりれき》、いいねやコメントなどの行動《こうどう》から「この人はこんな情報《じょうほう》を求《もと》めているぞ」を分析《ぶんせき》。興味《きょうみ》のある情報《じょうほう》が表示《ひょうじ》されやすくなるのです。たとえば、一度《いちど》検《けん》索《さく》すると関連《かんれん》する広告《こうこく》ばかり表示《ひょうじ》されるようになるのも、同じくアルゴリズムの影響《えいきょう》なのです。

このほか、位置情報《いちじょうほう》もアルゴリズムの分析《ぶんせき》に使《つか》われています。GPSはもちろん、実《じつ》はインターネット上の住所《じゅうしょ》といわれる「IPアドレス」や、接続《せつぞく》しているWi-Fiからも大まかな地域《ちいき》が判断《はんだん》できるのです。なので遠《とお》くの旅行《りょこう》先《さき》では、SNSも要《よう》チェック。地《ち》域《いき》に沿《そ》った話題《わだい》が入ってきたら「アルゴリズムいい仕事《しごと》しているなぁ」とほめてあげてください。

閲覧履歴《えつらんりれき》やいいね、コメントなどから判断《はんだん》して、ユーザーの興味《きょうみ》や関心《かんしん》のある投稿《とうこう》が表示《ひょうじ》される

CHECK!

IT用語《ようご》でよく聞くアルゴリズムってなに？

アルゴリズムとは、「問題《もんだい》を解決《かいけつ》するための手順《てじゅん》やルール」のこと。プログラミングなどのIT用語《ようご》ですが、算数の計算式《けいさんしき》やプラモデルの手《て》順書《じゅんしょ》、料理《りょうり》をつくるときに見るレシピなども、身近《みぢか》なアルゴリズムの一例《いちれい》といえます。自ら学習《がくしゅう》していく人工知能《ちのう》（AI）も、アルゴリズムで膨大《ぼうだい》なデータを処理《しょり》・分析《ぶんせき》して成長《せいちょう》しているのです。いまこの瞬間《しゅんかん》も！

暗《くら》いところでも ロック解除《かいじょ》できる スマホの顔《かお》認証《にんしょう》って どういうしくみ？

目に見えない赤外線を使《つか》って 3次元《じげん》で顔を立体認識《りったいにんしき》！

画面《がめん》を見るだけでロック解除《かいじょ》できるスマホの顔認証《かおにんしょう》。機種《きしゅ》によってはマスクやメガネも関係《かんけい》なしにロック解除《かいじょ》してくれるので、「いったいどこを見ているの？」と、気になったことはありませんか？　これも最新《さいしん》のテクノロジーを利用《りよう》しているのです。

スマホの顔認証《かおにんしょう》には、大きく2種類《しゅるい》あります。ひとつは写真用《しゃしんよう》のカメラを使《つか》った2次元顔認証《じげんかおにんしょう》。わたしたちが人物《じんぶつ》を見分けるのと同じで、目や鼻《はな》などの位置《いち》や特徴《とくちょう》を記憶《きおく》。認証時《にんしょうじ》に記録《きろく》と照合《しょうごう》して合っていれば、ロック解除《かいじょ》されます。

ふたつ目は、目に見えない赤外線で顔を立体的《りったいてき》に認識《にんしき》する3次元《じげん》顔認証《かおにんしょう》です。2次元顔認証《じげんかおにんしょう》だと、顔写真《かおしゃしん》でも「正解《せいかい》」と認識《にんしき》してしまう可能性《かのうせい》がありましたが、3次《じ》元顔認証《げんかおにんしょう》では立体的《りったいてき》に記憶《きおく》しているので、写真《しゃしん》では通りません。また、赤外線は暗闇《くらやみ》でも正確《せいかく》に測定《そくてい》できるので、夜間《やかん》でも使《つか》えるというメリットがあります。

ただし！　スマホの設定《せってい》によっては「画面《がめん》を見ているか？」という視線《しせん》もチェックしているので、寝起《ねお》きの半開《はんびら》きの目だとロック解《かい》除《じょ》できないことも。寝起《ねお》きはスマホの顔認証《かおにんしょう》が通らない……という人は、目をクワッと見開《みひら》いてみましょう。眠《ねむ》い？　気合です。

スマホから赤外線を照射《しょうしゃ》し、
顔の立体的《りったいてき》な形を
認識《にんしき》するので
暗闇《くらやみ》でも顔認証《かおにんしょう》できる

マスクやメガネを
つけた状態《じょうたい》を
追加登録《ついかとうろく》しておけば、
状況《じょうきょう》に応《おう》じてスムーズ
に顔認証《かおにんしょう》される

CHECK!

顔認証《かおにんしょう》ってどのくらい正確《せいかく》なの？　変顔《へんがお》はイケる？

顔認証《かおにんしょう》は指紋認証《しもんにんしょう》と同じく、セキュリティ性能《せいのう》が高いのが特徴《とくちょう》。非接触《ひせっしょく》で利用《りよう》できるので、空港《くうこう》やイベント会場、マイナンバーカードの本人確認《ほんにんかくにん》にも利用《りよう》されています。正確性《せいかくせい》は端末《たんまつ》や認証方式《にんしょうほうしき》で変《か》わりますが、一般的《いっぱんてき》には髪型《かみがた》やメガネが変《か》わる程度《ていど》ならOK。顔《かお》の形が変《か》わる変装《へんそう》や装飾品《そうしょくひん》はNGです。「変顔《へんがお》」ももちろんダメ。試《ため》すならひとりのときにこっそりと。

いまや地図アプリなしでは外出できない GPS《ジーピーエス》機能《きのう》ってどういうしくみ？

人工衛星《えいせい》からの電波《でんぱ》の到達《とうたつ》時間で位置《いち》を割《わ》り出す

インターネットが使える携帯電《けいたいでん》話《わ》が登場《とうじょう》する以前《いぜん》は、紙の地図を開《ひら》いてあたりを見回すのが日常《にちじょう》的《てき》でした。それが、いまではスマホやカーナビで、自分の場所《ばしょ》が一《いち》目瞭然《もくりょうぜん》。目的地《もくてきち》も調《しら》べられて道《みち》案内《あんない》までしてくれます。こんな便《べん》利《り》な世の中になったのも、GPS《ジーピーエス》のおかげなんです。

GPS《ジーピーエス》とは、Global Positioning System（グローバル・ポジショニング・システム）の略《りゃく》。宇宙《うちゅう》にある人工衛星《えいせい》の電波《でんぱ》を受信《じゅしん》して位《い》置《ち》を特定《とくてい》するしくみです。いくつかの方式《ほうしき》がありますが、おおまかなしくみとしては、衛星《えいせい》が電波《でんぱ》を発信《はっしん》した時刻《じこく》と、受信機《じゅしんき》が受信《じゅしん》した時刻《じこく》をチェック。その時間の差《さ》から、衛星《えいせい》から受信機《じゅしんき》までの「距《きょ》離《り》」を計算しています。「えっ距《きょ》離《り》しかわかってないじゃん」って？そうです。なのでGPSでは最低《さいてい》4台《だい》の衛星《えいせい》それぞれとの距離《きょり》を計算しています。電波《でんぱ》は衛星《えいせい》を中心としてボールのような球形《きゅうけい》で広がるので、その交差《こうさ》する点を、受信《じゅしん》機《き》のある位置《いち》（現在地《げんざいち》）として割《わ》り出しているんですね。

GPSのおかげで、わたしたちは道に迷《まよ》いにくくなりました。なので、お出かけのときはこまめにスマホで位置確認《いちかくにん》を。「ここはどこだ？」は未然《みぜん》に防《ふせ》げますので！

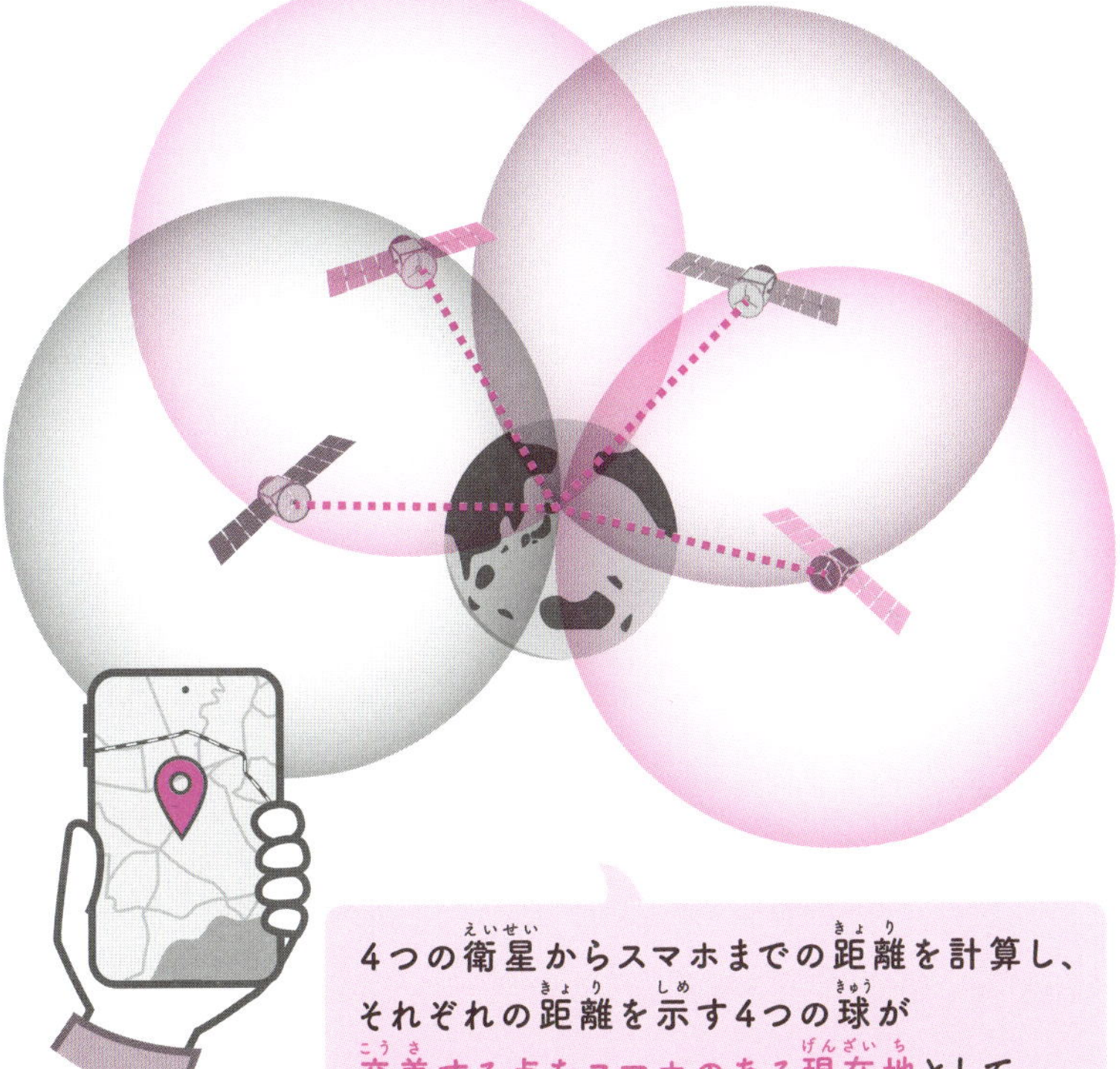

4つの衛星《えいせい》からスマホまでの距離《きょり》を計算し、
それぞれの距離《きょり》を示《しめ》す4つの球《きゅう》が
交差《こうさ》する点をスマホのある現在地《げんざいち》として
割《わ》り出している

CHECK!

地球《ちきゅう》のまわりには膨大《ぼうだい》なGPS衛星《ジーピーエスえいせい》が飛《と》んでいる

アメリカで軍事用《ぐんじよう》に開発《かいはつ》されたGPS衛星《えいせい》は、1978年に第《だい》1号《ごう》を打《う》ち上げ、その後90年代《ねんだい》に民間利用《みんかんりよう》が解禁《かいきん》に。現在《げんざい》はアメリカ以外でも独自《どくじ》のGPS衛星《えいせい》が打《う》ち上げられ、膨大《ぼうだい》な数の衛星《えいせい》が地球上《ちきゅうじょう》を周回《しゅうかい》しています。もちろん、日本もGPS衛星《えいせい》と互換性《ごかんせい》のある衛星測位《えいせいそくい》システム「みちびき」を開発《かいはつ》。こうしているいまも、宇宙《うちゅう》から便利《べんり》な暮《く》らしを支《ささ》えてくれているのです。

Vision Proが届《とど》いたギズモード編集部《へんしゅうぶ》

本人は没入《ぼつにゅう》してるけど、

はたから見ると結構《けっこう》怪《あや》しい……

もはや
No Photo
No Life！

カメラや画《が》像《ぞう》のこれってどうなってるの？

フィルムカメラとデジカメはどう違《ちが》う？ そもそもカメラの構造《こうぞう》って？

光のとらえ方は一緒《いっしょ》だけど受《う》け取《と》り先が異《こと》なる

スマホカメラでもキレイな写真《しゃしん》が撮《と》れる時代《じだい》ですが、最近《さいきん》は味《あじ》のあるアナログなフィルムカメラ人《にん》気《き》も復活中《ふっかつちゅう》だとか。でもデジタルにしろアナログにしろ「見た景色《けしき》を保存《ほぞん》できる」ってスゴい！

当然《とうぜん》ですが、これもテック。カメラの原理は、小さな穴《あな》を通って暗《くら》い部屋《へや》に入った光が、反対《はんたい》の壁《かべ》に外の風景《ふうけい》を逆《さか》さに写《うつ》す「ピンホ

カメラの原理（ピンホール現象《げんしょう》）

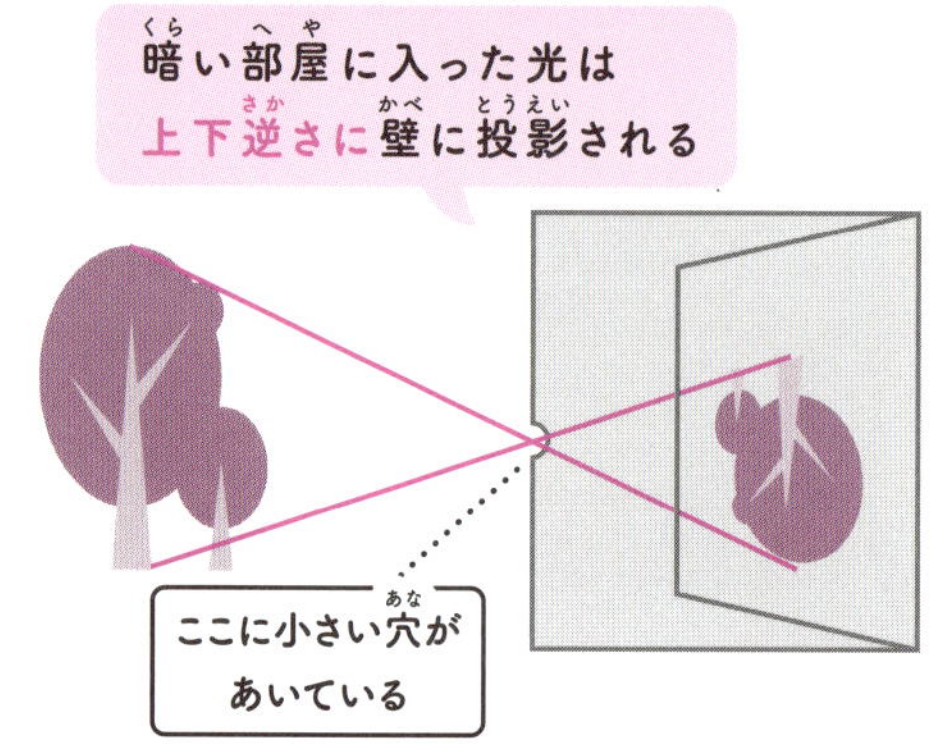

実際《じっさい》のカメラの場合は

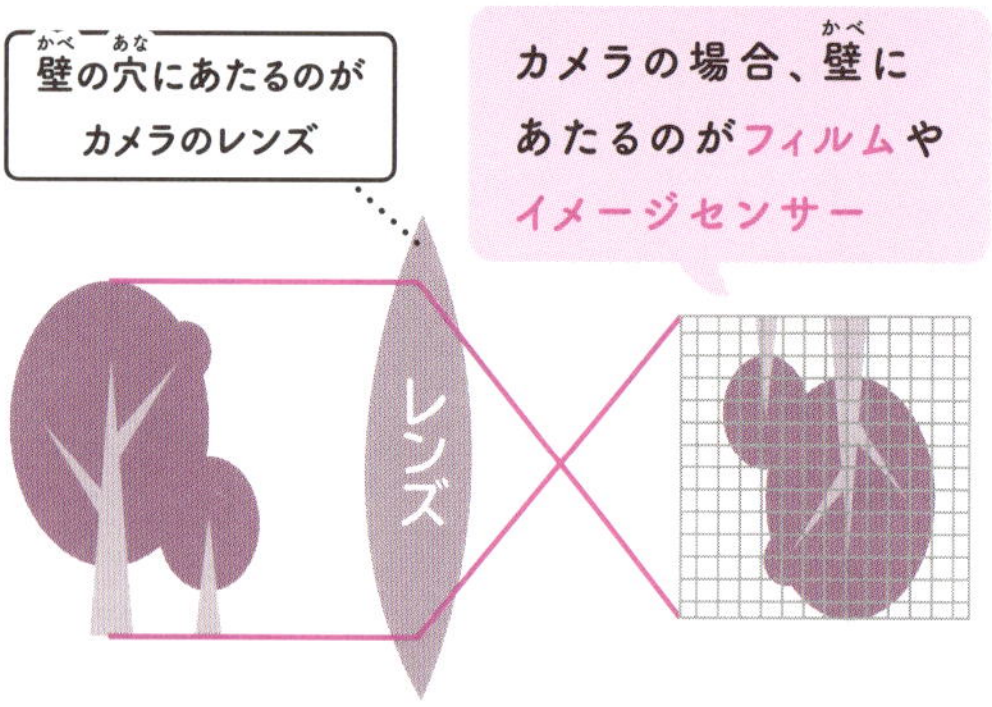

CHECK! 最近《さいきん》はやりのミラーレスってどんなカメラ？

コンパクトさが人気の「ミラーレス」カメラ。このカメラは「一眼《いちがん》レフ」と呼《よ》ばれるカメラとどう違《ちが》うのでしょうか？ 答えはシンプル、ミラー（鏡《かがみ》）の有無《うむ》です。一眼《いちがん》レフでは、レンズがとらえた景色《けしき》を鏡《かがみ》で反射《はんしゃ》させてファインダーへ届《とど》けます。一方でミラーレスでは、イメージセンサーでそのまま映像《えいぞう》データに変換《へんかん》して、ファインダーやモニターに映《うつ》し出しています。構造上《こうぞうじょう》、カメラ内部《ないぶ》に鏡《かがみ》がない分、本体も小さくできているんですね。

ミラーレスカメラの構造《こうぞう》

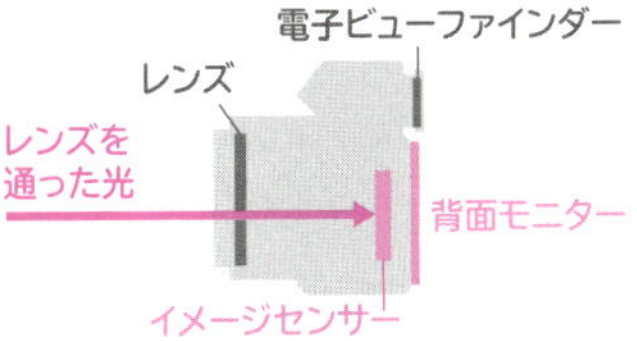

一眼《いちがん》レフカメラの構造《こうぞう》

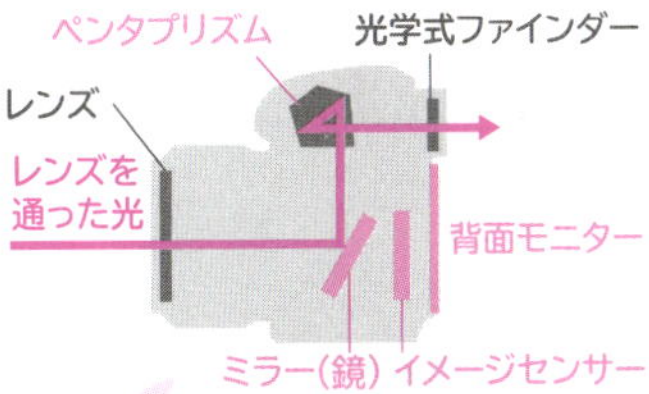

一眼《いちがん》レフは、シャッターを押《お》すとミラー（鏡《かがみ》）が跳《は》ね上がり、光がイメージセンサーに当たるしくみ

ール現象《げんしょう》」と呼《よ》ばれるもの。この壁《かべ》に写《うつ》る画像《がぞう》を銀板《ぎんばん》という媒体《ばいたい》に記録《きろく》したのが写真《しゃしん》のはじまりです。

現代《げんだい》のカメラは光が入る穴《あな》にレンズと絞《しぼ》り、シャッターを設《もう》けて光を調整《ちょうせい》し、受《う》け取《と》る壁《かべ》の部分《ぶぶん》で「フィルム」に記録《きろく》（感光《かんこう》）させるのがフィルムカメラ。「イメージセンサー」で光を分析《ぶんせき》してデータ保存《ほぞん》するのがデジタルカメラです。

写真《しゃしん》の見かたにも違《ちが》いがあります。スマホや多くのデジタルカメラは、撮影《さつえい》した瞬間《しゅんかん》に写真《しゃしん》をチェックできますよね？ でも、フィルムカメラでは、撮影《さつえい》したフィルムを「現像《げんぞう》」して初《はじ》めて確認《かくにん》できます。不便《ふべん》？ いやいや、そこを含《ふく》めての「味《あじ》」ですって。

遠くのものや小さなものが大きく見える ズーム機能《きのう》やマクロ機能《きのう》ってどういうしくみ？

レンズの力で遠くのものや小さなものが鮮明《せんめい》に写《うつ》る

肉眼《にくがん》では見えない遠くのものや、小さなものでもきれいに撮《と》れるカメラのズーム機能《きのう》やマクロ機能《きのう》。とっても便利《べんり》ですよね！　でも、どんなしくみか知ってますか？

ズーム（望遠《ぼうえん》）機能《きのう》は、遠くの物《ぶっ》体《たい》を大きく撮影《さつえい》する機能《きのう》。ズームには、レンズを動《うご》かして被写体《ひしゃたい》を拡大《かくだい》する光学ズームと、画像《がぞう》をデジタル処理《しょり》して拡大《かくだい》するデジタルズームがありますが、ここでは光学ズームについて見ていきましょう。

カメラのズームレンズは、「焦点《しょうてん》距離《きょり》」を変《か》えることで、被写体《ひしゃたい》を拡《かく》大《だい》したり縮小《しゅくしょう》したりすることができます。ズームレンズは複数《ふくすう》のレンズで構成《こうせい》されていて、内部《ないぶ》のレンズが前後に動《うご》くことで焦点距離《しょうてんきょり》が変わります。焦点距離とは、レンズの中心からイメージセンサーまでの距離《きょり》のこと。焦点距離《しょうてんきょり》が短《みじか》いほど広範囲《こうはんい》が写《うつ》り、長いほど写《うつ》る範囲《はんい》が狭《せま》く、望遠《ぼうえん》になるんです。

マクロ機能《きのう》は、近くの小さな物《ぶっ》体《たい》を大きく撮影《さつえい》する機能《きのう》。マクロレンズを使《つか》うと、カメラを被写体《ひしゃたい》に接近《せっきん》して撮影《さつえい》でき、花や昆虫《こんちゅう》などの細部《さいぶ》まで鮮明《せんめい》に写《うつ》せます。通《つう》常《じょう》のレンズは、被写体《ひしゃたい》に近づきすぎるとピントが合いませんが、マクロレンズは至近距離《しきんきょり》でもピントが合い、被写体《ひしゃたい》を実物大《じつぶつだい》やそれ以《い》上《じょう》に拡大《かくだい》して撮影《さつえい》できるんです。

ズーム（望遠《ぼうえん》）機能《きのう》のしくみ

焦点距離《しょうてんきょり》とは、レンズの中心から像《ぞう》を結《むす》ぶイメージセンサーまでの距離《きょり》

広角《こうかく》

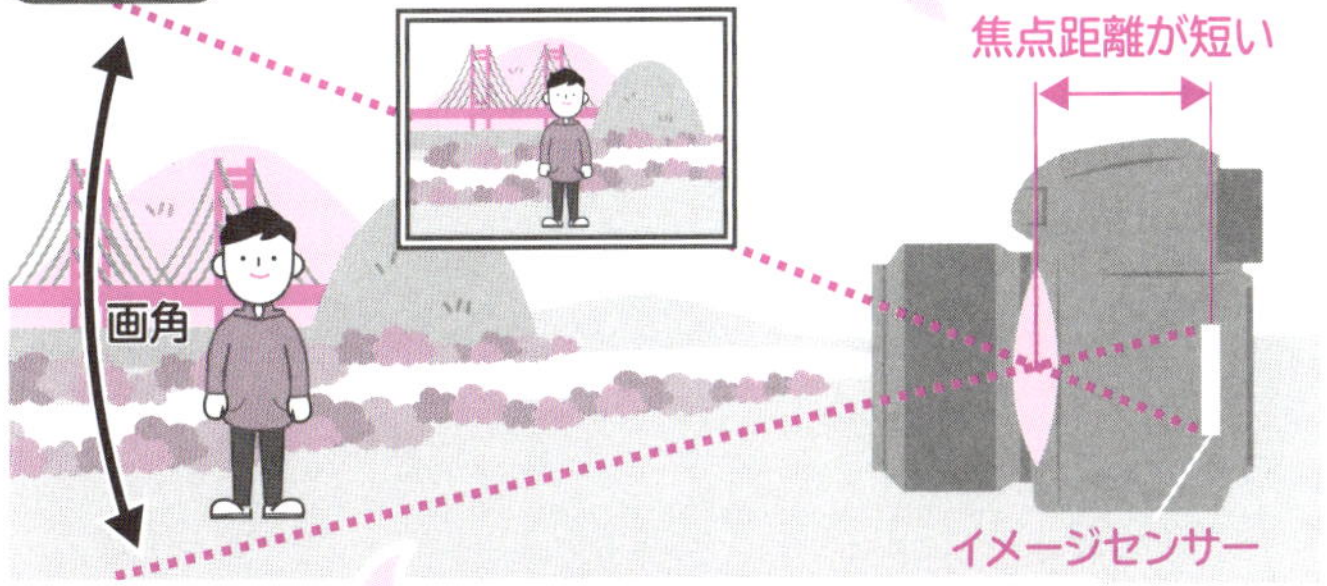

イメージセンサーとレンズとの距離《きょり》が近いと広範囲《こうはんい》が写《うつ》る

望遠《ぼうえん》

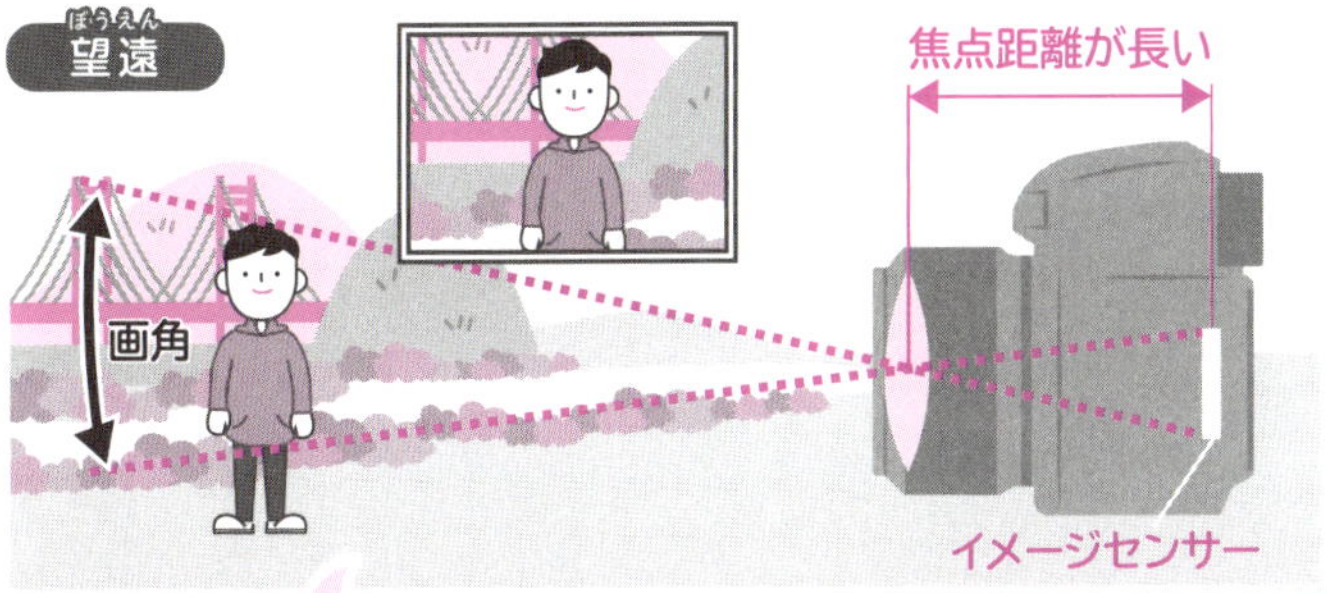

イメージセンサーとレンズとの距離《きょり》が長いと写《うつ》る範囲《はんい》が狭《せま》くなり望遠《ぼうえん》になる

マクロ機能《きのう》のしくみ

標準《ひょうじゅん》レンズ

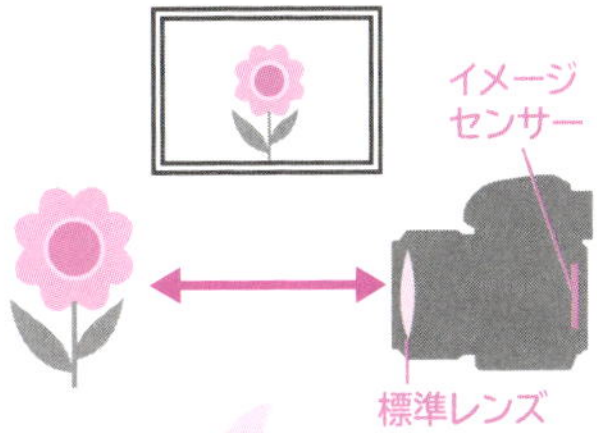

被写体《ひしゃたい》に近づきすぎると
ピントが合わない。ピントが
合う位置《いち》だと大きく撮影《さつえい》できない

マクロレンズ

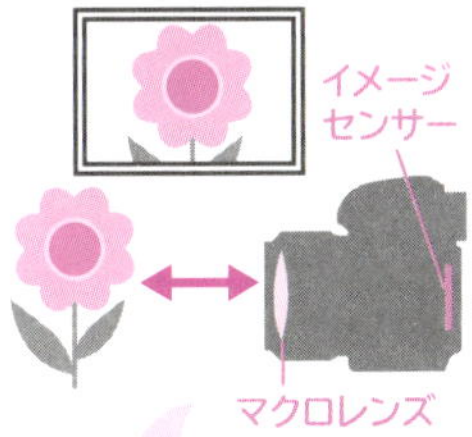

被写体《ひしゃたい》に近づいても
ピントが合い、大きく撮影《さつえい》できる

動画《どうが》ってたくさんの静止画《せいしが》が連続《れんぞく》して表示《ひょうじ》されてるってホント？

動画《どうが》の原理はアニメやパラパラまんがと同じ

動画《どうが》といえば、かつてはテレビや映画《えいが》で見るものでしたが、最近《さいきん》はスマホで見るのが当たり前。撮《さつ》影《えい》もスマホで簡単《かんたん》にできちゃうので、動画《どうが》で作品《さくひん》をつくってるよ、という人もいるかもしれませんね。

動画《どうが》は連続《れんぞく》して動《うご》くから「動《どう》画《が》」なんですが、でも実《じつ》は、「静《せい》止画《しが》」が連続《れんぞく》して表示《ひょうじ》されているって、知ってました？ ノートのはしっこに、パラパラまんがを描《か》いたことのある人もいると思いますが、実《じつ》は動画《どうが》って、アニメやパラパラまんがと同じ原理なんです。

動画《どうが》は、1秒間《びょうかん》に数十枚《すうじゅうまい》から数百枚《すうひゃくまい》という多くの静止画《せいしが》（フレーム）が、連続《れんぞく》して表示《ひょうじ》されることで動《うご》きがつくられています。1秒間《びょうかん》に表示《ひょうじ》される画像枚数《がぞうまいすう》のことをフレームレートといい「fps《エフピーエス》（frames per second）」で表示《ひょうじ》します。この数値《すうち》が高いほど、動画《どうが》はなめらかに見えるんです。

一般的《いっぱんてき》なフレームレートは24fps（1秒間《びょうかん》に24フレーム）や30fps、60fpsなど。人間の視《し》覚《かく》には残像効果《ざんぞうこうか》があるため、フレームが高速《こうそく》で連続《れんぞく》して再生《さいせい》されることで、ひとつの動《うご》きとして認識《にんしき》されるんですね！ ちなみに、人が見てスムーズと感《かん》じるのは、24fpsくらいから。テレビ番組《ばんぐみ》も30fpsでつくられています。

動画《どうが》はパラパラまんがのように、静止画《せいしが》を素早《すばや》く連続《れんぞく》して表示《ひょうじ》させたもの

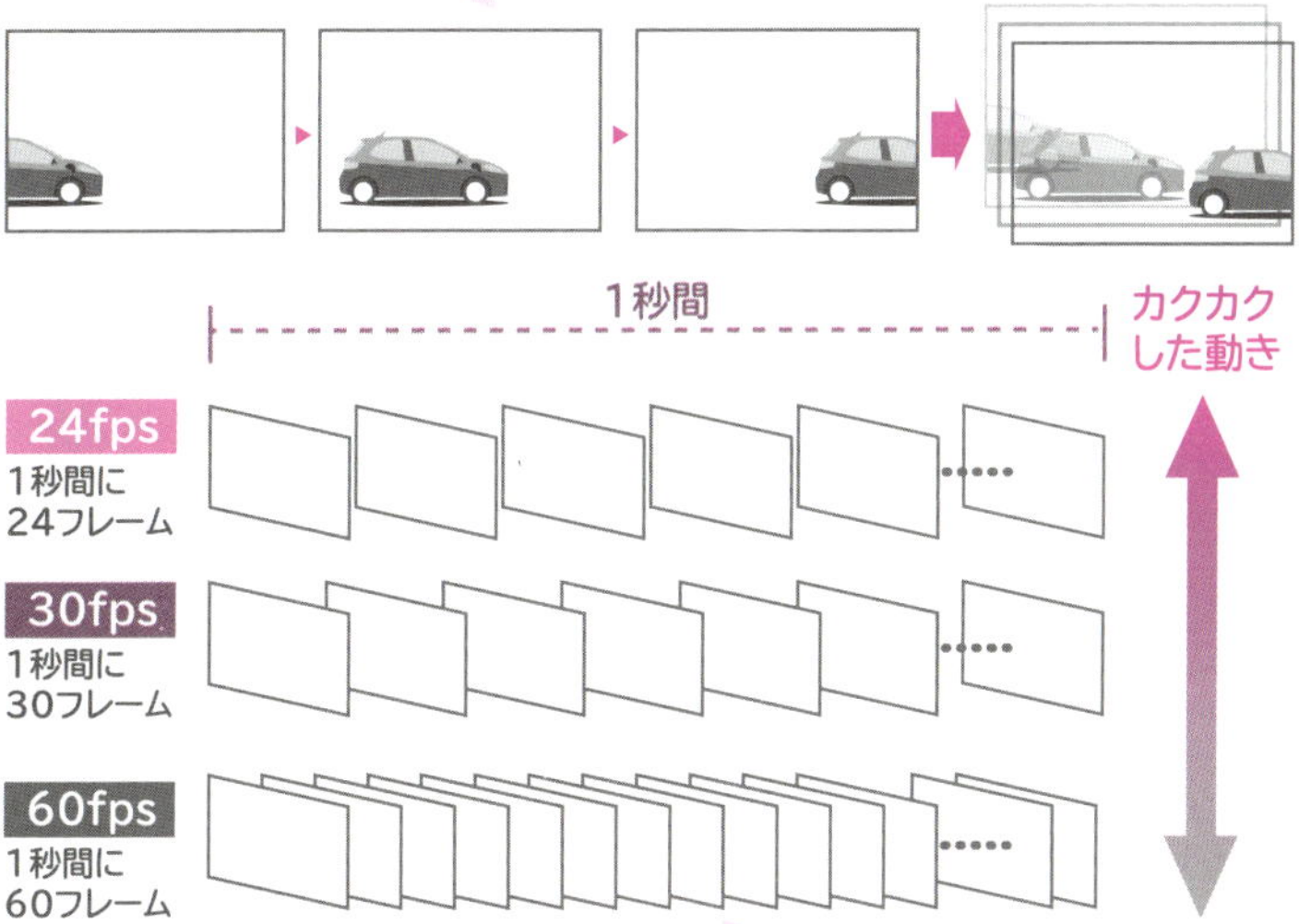

1秒間《びょうかん》に表示《ひょうじ》される画像枚数《がぞうまいすう》が多いほど、なめらかな動《うご》きに見える

CHECK!

「HD《エイチディー》」「フルHD《エイチディー》「4K《ケー》」「8K《ケー》」とかって、なんのこと？

テレビやモニターの表示《ひょうじ》で見かけるこの言葉《ことば》。これは映像《えいぞう》のきめの細かさ（解像度《かいぞうど》）を表《あらわ》す用語です。デジタル映像《えいぞう》を拡大《かくだい》していくと、小さなマス目（ピクセル）の集《あつ》まりでできているのがわかりますが、解像度《かいぞうど》とは、表示《ひょうじ》する画面内《がめんない》にいくつピクセルが並《なら》んでいるかを表《あらわ》す数値《すうち》。この数値《すうち》が大きいほど、映像《えいぞう》がきめ細かくなるんです。「HD」「フルHD」「4K」「8K」の順《じゅん》に、高画質《こうがしつ》になっていくということですね。

不要《ふよう》なものは消《け》しちゃえ！画像加工《がぞうかこう》アプリの消《け》しゴム機能《きのう》ってどういうしくみ？

画像《がぞう》から消《け》したい部分《ぶぶん》（オブジェクト）を指定《してい》すると、消《け》したあとが不自然《ふしぜん》にならないように、**AI《エーアイ》が画像《がぞう》を描《か》き足してくれる**

BEFORE《ビフォー》

AI《エーアイ》による「予測《よそく》モデル」で予測《よそく》と補完《ほかん》を行う

画像加工《がぞうかこう》アプリを使えば、どんな写真《しゃしん》もいい感《かん》じに盛《も》れちゃう時代《じだい》。なかでも背景《はいけい》の通行人や顔のシミも消《け》せる「消《け》しゴム」機能《きのう》は、いまや基本的《きほんてき》な加工《かこう》テクですよね。そして、この画像《がぞう》から不要《ふよう》なもの（オブジェクト）だけを自然《しぜん》に消《け》す機能《きのう》には、最近話題《さいきんわだい》のAI《エーアイ》も深《ふか》く関係《かんけい》しているんです。

最新《さいしん》の消《け》しゴム機能《きのう》の多くは、

CHECK!

年齢《ねんれい》やメイク、顔交換《かおこうかん》まで！ AI《エーアイ》による画像加工《がぞうかこう》はなんでもあり!?

画像加工《がぞうかこう》アプリのなかには、美肌加工《びはだかこう》やオートメイク、加齢《かれい》や若返《わかがえ》り、なかには自分と他《ほか》の人の顔を交換《こうかん》したり……と、ユニークな機能《きのう》がたくさんあります。これらも多くはAIによる画像加工《がぞうかこう》を用《もち》いています。最近《さいきん》では、加工《かこう》だと気づかないくらい自然《しぜん》な仕上《しあ》がりの写真《しゃしん》も多くて「なにが真実《しんじつ》なのかわからない！」なんて感覚《かんかく》を覚《おぼ》えることも……。こうなると将来《しょうらい》は逆《ぎゃく》に、加工画像《かこうがぞう》をオリジナルに戻《もど》すAI技術《ぎじゅつ》が必要《ひつよう》になってくるかもしれませんね。

人だけが消《き》えて、自然《しぜん》な仕上《しあ》がりに！

AFTER《アフター》

AIや機械学習《きかいがくしゅう》による「予測《よそく》モデル」を活用《かつよう》しています。たとえば、顔のシミを消《け》したい場合《ばあい》は、シミの周辺《しゅうへん》の肌《はだ》の色や質感《しつかん》をヒントに「う～む、この周囲《しゅうい》になじむような肌《はだ》はこんな色や質感《しつかん》だろうな」とAIが予測《よそく》して消《け》した部分《ぶぶん》を自然《しぜん》に見えるように補完《ほかん》、再現《さいげん》してくれているのです。

ただ、「消《け》しゴム」機能《きのう》の場合《ばあい》は、あくまでも消《け》した範囲《はんい》の予測《よそく》と補完《ほかん》。ないものを新《あら》たにつくり出すことはできません。あまりにも広《こう》範囲《はんい》のものを消《け》すと、違和感《いわかん》が残《のこ》ってしまうこともあるのでご注意《ちゅうい》を。SNSを眺《なが》めていると、加工《かこう》の使《つか》いすぎで不自然《ふしぜん》に空間《くうかん》がゆがんでいる画像《がぞう》もありますからね。

リチャードのLet's Explore!

写真《しゃしん》もスマホもテレビも デジタル画像《がぞう》は小さな光の粒《つぶ》の集《あつ》まりでできている

赤・緑《みどり》・青3色の光の粒《つぶ》で すべての色を表現《ひょうげん》している

スマホやパソコンで、画像《がぞう》を限《げん》界《かい》まで拡大《かくだい》してみたことはありますか？ 徐々《じょじょ》にギザギザになっていき、やがて四角いタイルのように見え始《はじ》めます。でも縮小《しゅくしょう》しなおすと、いつもどおりの画像《がぞう》になるんです。つまり、デジタル画像《がぞう》は小さな四角い粒の集《あつ》まりでできているってことなんですよね。

では、その粒《つぶ》はなにでできているのか？ デジタルデータの3つの数値《すうち》でできています。赤・緑《みどり》・青の色の光の明るさを表《あらわ》す数値《すうち》です。

その理由《りゆう》は人の視覚《しかく》のしくみにあります。眼《め》の奥《おく》には、光を神経《しんけい》信号《しんごう》に変《か》えられる視細胞《しさいぼう》が集《あつ》まっていて、脳《のう》がその信号《しんごう》を受《う》け取《と》ることにより、ものが見えています。視細胞《しさいぼう》は4種類《しゅるい》あって、赤・緑《みどり》・青の明るさに反応《はんのう》する3種《しゅ》と、明るさ全般《ぜんぱん》に反応《はんのう》する1種《しゅ》。

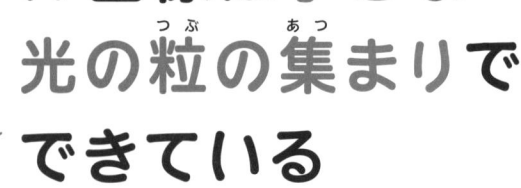

色に反応《はんのう》する細胞《さいぼう》が3種《しゅ》だけなのに3色以外《いがい》の色が見えるのは、赤・緑《みどり》・青の明るさから、脳《のう》がすべての色を生み出しているからです。だからこそ、デジタル画像《がぞう》も3色の明るさでできた粒《つぶ》の集《あつ》まりとして、つくられているんですよね。

同じように、カメラやモニターの画面《がめん》なども、人の眼に合わせて3色の光の粒《つぶ》を記録《きろく》・再生《さいせい》するしくみです。カメラのセンサーは、3色の光の明るさをデジタル信号《しんごう》

人間の視覚《しかく》がものを見るしくみ

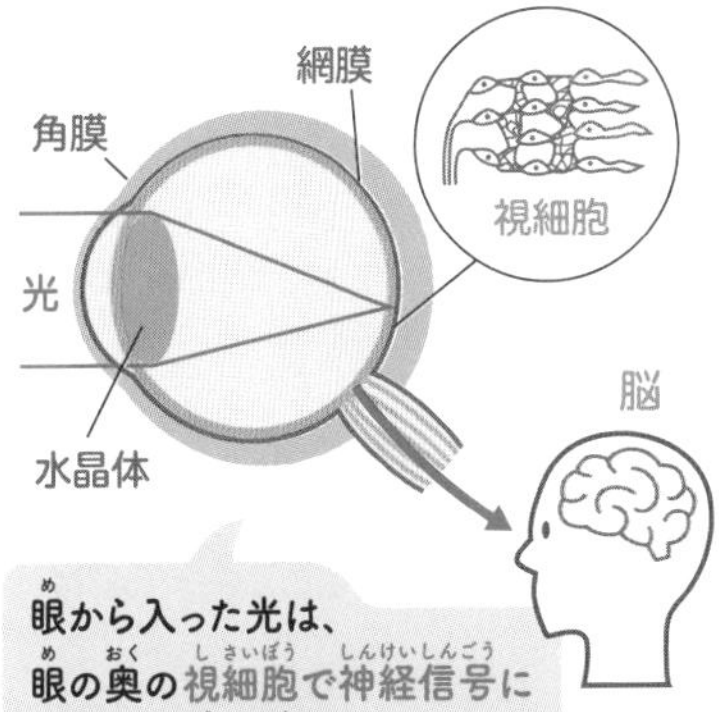

眼《め》から入った光は、眼《め》の奥《おく》の視細胞《しさいぼう》で神経信号《しんけいしんごう》に変換《へんかん》され脳《のう》に送《おく》られる。赤・緑《みどり》・青を識別《しきべつ》できる

カメラがものをとらえるしくみ

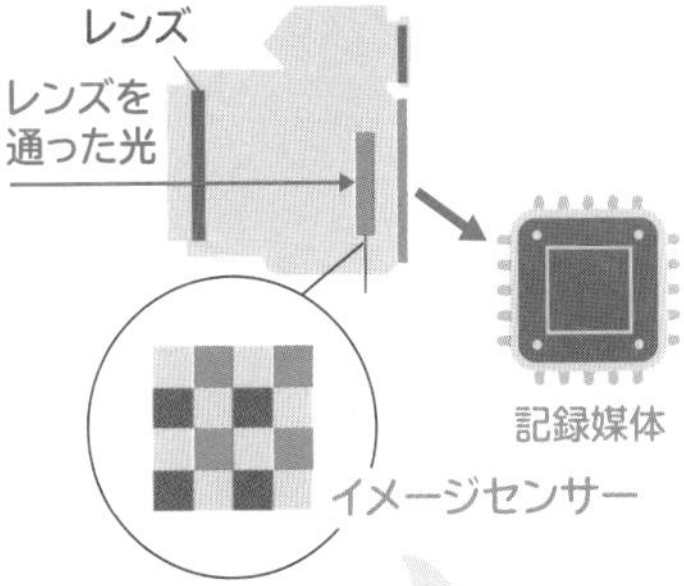

カメラのレンズから入った光は、イメージセンサーでデジタル信号《しんごう》に変換《へんかん》され記録《きろく》される。人の視覚《しかく》と同じく、赤・緑《みどり》・青を識別《しきべつ》

画素《がそ》（ピクセル）ってなに？

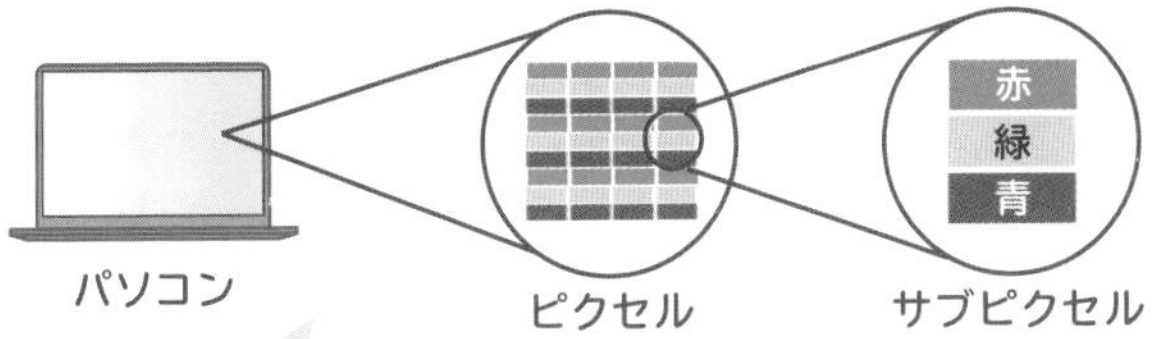

画素《がそ》（ピクセル）は、デジタル画像《がぞう》を構成《こうせい》する最小《さいしょう》の単位《たんい》。1つの画素《がそ》は赤・緑《みどり》・青のサブピクセルで構成《こうせい》され、サブピクセルが異《こと》なる明るさで光ることで、画素《がそ》全体の色が決《き》まる

に変換《へんかん》する装置《そうち》。画面《がめん》は、赤・緑《みどり》・青に光る粒《つぶ》の明るさを調整《ちょうせい》していろんな色を映《うつ》す装置《そうち》です。全部《ぜんぶ》、人に合わせて設計《せっけい》されているんです（例外的《れいがいてき》に白・黄の粒《つぶ》も使《つか》う画面《がめん》やカメラもあります）。

ちなみにこれらの粒《つぶ》は「画素《がそ》」と呼《よ》ばれていて、最近《さいきん》の発展《はってん》としては、画素《がそ》の数を増《ふ》やす高解像度《こうかいぞうど》化《か》や、明るい画素《がそ》で明暗差《めいあんさ》を生み出すHDR《エイチディーアール》化、そして表現《ひょうげん》できる色を増《ふ》やす広色域化《こうしきいきか》があります。

なお、色域《しきいき》について補足《ほそく》すると、画素《がそ》の色を決《き》める3色の明るさは、段階《だんかい》で区切《くぎ》って数置化《すうちか》しています。区切《くぎ》り方を細かくすることで、ちょっとした色の違《ちが》いも表《あらわ》せるようになるんです。

360度《ど》見られる画像《がぞう》って どうやって撮影《さつえい》してるの？

360度《ど》カメラは、180度《ど》以上《いじょう》の視野《しや》を持《も》つ超広角《ちょうこうかく》レンズ2つで同時に撮影《さつえい》するしくみ

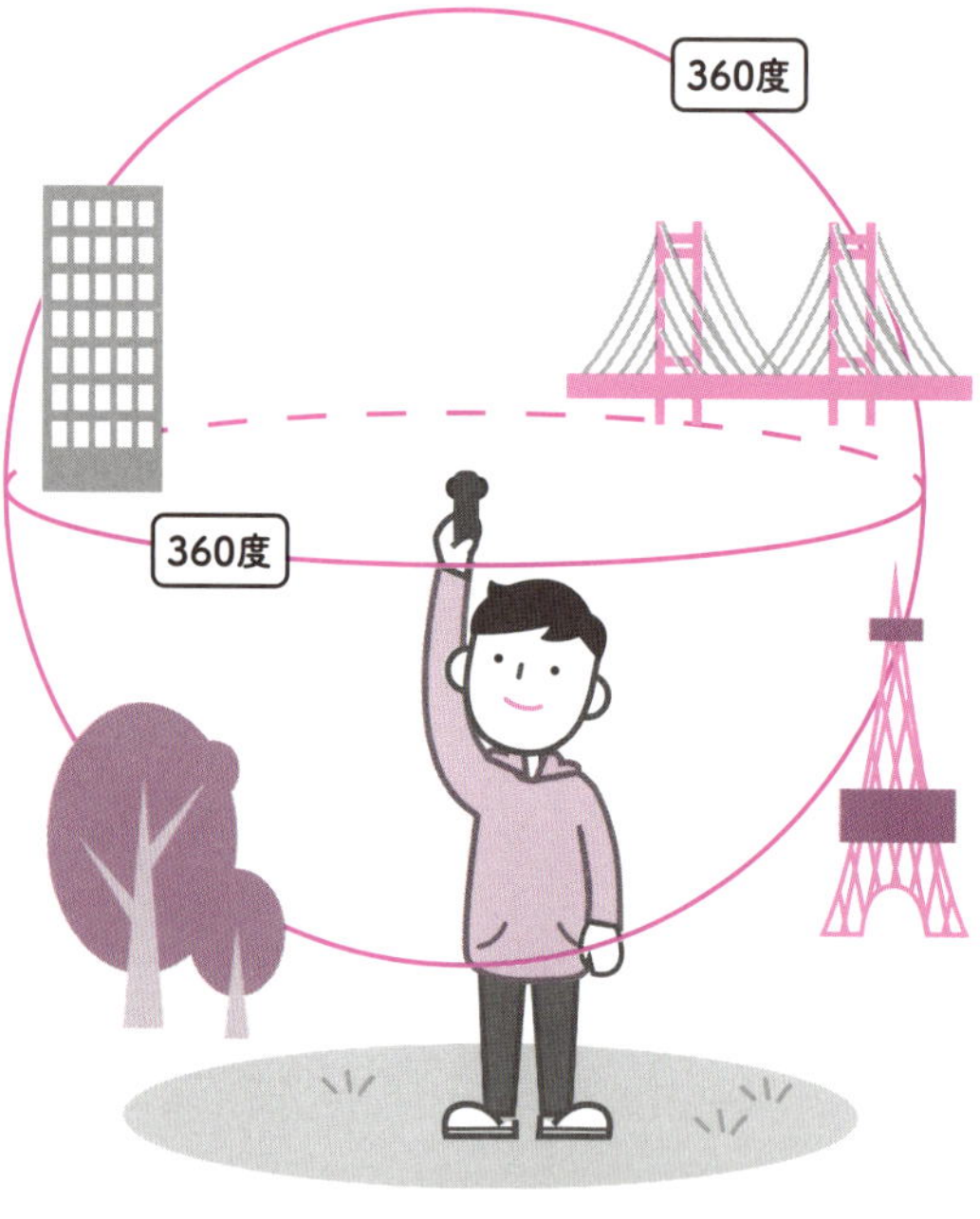

180度《ど》の超広角画像《ちょうこうかくがぞう》をAI《エーアイ》処理《しょり》でつなぎ合わせる

最近《さいきん》ネットで見かける写真《しゃしん》や動《どう》画《が》には、視点《してん》を自由に変《か》えられて、まるで映像《えいぞう》の中に入り込《こ》んだかのような臨場感《りんじょうかん》が得《え》られるものも。でも、普通《ふつう》のスマホやカメラではこんな撮影《さつえい》できませんよね？こんなユニークな体験《たいけん》ができるのは「360度《ど》カメラ」という特殊《とくしゅ》なカメラのおかげ。

360度《ど》カメラは、視野角《しやかく》の広

CHECK!

Googleストリートビューはどうやって撮影《さつえい》されているの？

Googleストリートビューの画《が》像《ぞう》も、おもに360度《ど》カメラで撮《さつ》影《えい》された画像《がぞう》をつなぎ合わせたもの。Googleは、「ストリートビューカー」と呼《よ》ばれる屋根《やね》にカメラシステムを搭載《とうさい》した特別《とくべつ》な車《しゃ》両《りょう》で、世界中《せかいじゅう》の道路《どうろ》を走りながら撮影《さつえい》を行っています。さらに、車が通れない場所《ばしょ》でも、バイクやスノーモービルにカメラを取《と》り付《つ》けたりして撮影《さつえい》しているそうですよ。それでも通れない場所《ばしょ》は、カメラを背負《せお》って徒歩《とほ》で挑《いど》んでいるんです。Googleってスゴい！

180度《ど》の超広角画像《ちょうこうかくがぞう》2つが自動的《じどうてき》につなぎ合わされ、カメラを中心に360度《ど》全方位《ぜんほうい》が見られる画像《がぞう》が作成《さくせい》される

い超広角《ちょうこうかく》レンズを複数《ふくすう》（市販《しはん》モデルは前後《ぜんご》2カメラが多い）搭載《とうさい》することで、自分を取《と》り囲《かこ》む全方向《ぜんほうこう》の景色《けしき》をいっきに撮影《さつえい》！ カメラ内の合成処理《ごうせいしょり》で、360度《ど》の画像《がぞう》・映像《えいぞう》を楽《たの》しめるというしくみ。そう、実《じつ》は合成《ごうせい》しているんです。画《が》像《ぞう》のつなぎ目は、AI処理《エーアイしょり》でほとんどわからなくなっちゃいます。

こうした360度《ど》カメラは、広《こう》範囲《はんい》を死角《しかく》なく撮影《さつえい》できたり、撮《さつ》影後《えいご》に視点《してん》を変更《へんこう》できるので、アクションカメラや防犯《ぼうはん》カメラとしても人気《にんき》。身近《みぢか》なところではGoogleマップの「ストリートビュー」も。スマホやパソコンから、360度《ど》リアルな街《まち》なかへ飛《と》び込《こ》めますよ！

リチャードの Let's Explore!

光には目に見える可視光《かしこう》と目に見えない赤外線と紫外線《しがいせん》がある

7色の可視光《かしこう》の外側《そとがわ》にある赤外線と紫外線《しがいせん》

虹《にじ》は7色の光、というイメージが強いですよね。上から赤→橙《だいだい》→黄→緑《みどり》→青→藍《あい》→紫《むらさき》といった具《ぐ》合《あい》です。でも実《じつ》は虹《にじ》ってもっと太くて、赤と紫《むらさき》の外側《そとがわ》にも光が差《さ》しています。赤外線と紫外線《しがいせん》！ピッタリな名前ですね。人に見えない光なので、あまり意識《いしき》しないかもしれませんが、とても便利《べんり》ですよ。

でもその前に、目に見える光、可視光《かしこう》の便利《べんり》さを再認識《さいにんしき》してみましょう。なにかモノが見えるというのは、モノの光が空気を素通《すどお》りして目に届《とど》いているからです。

目に見える「可視光《かしこう》」は、大気をキレイに通れるのが大きな特《とく》徴《ちょう》だといえます。だからこそ、日中は遠くの山が見えたり、夜は星が見えたりするんです。

では、「赤外線」の便利《べんり》さは？　目に見えないことを逆手《さかて》に、それをいかすケースが多いです。暗《くら》くても使《つか》えるカメラや、顔認証《かおにんしょう》のしくみにも使《つか》われています。

あと、熱《ねつ》を伝《つた》えやすいのも特《とく》徴《ちょう》です。電気ストーブやオーブンでは温《あたた》めるために活用され、体温《たいおん》計《けい》やサーモカメラでは温度《おんど》を測《はか》るために赤外線が使《つか》われています。

「紫外線《しがいせん》」は、光線そのものの威《い》力《りょく》（エネルギーレベル）が高いことが特徴《とくちょう》です。たとえば、可視光《かしこう》や赤外線が肌《はだ》にあたっても暖《あたた》かく

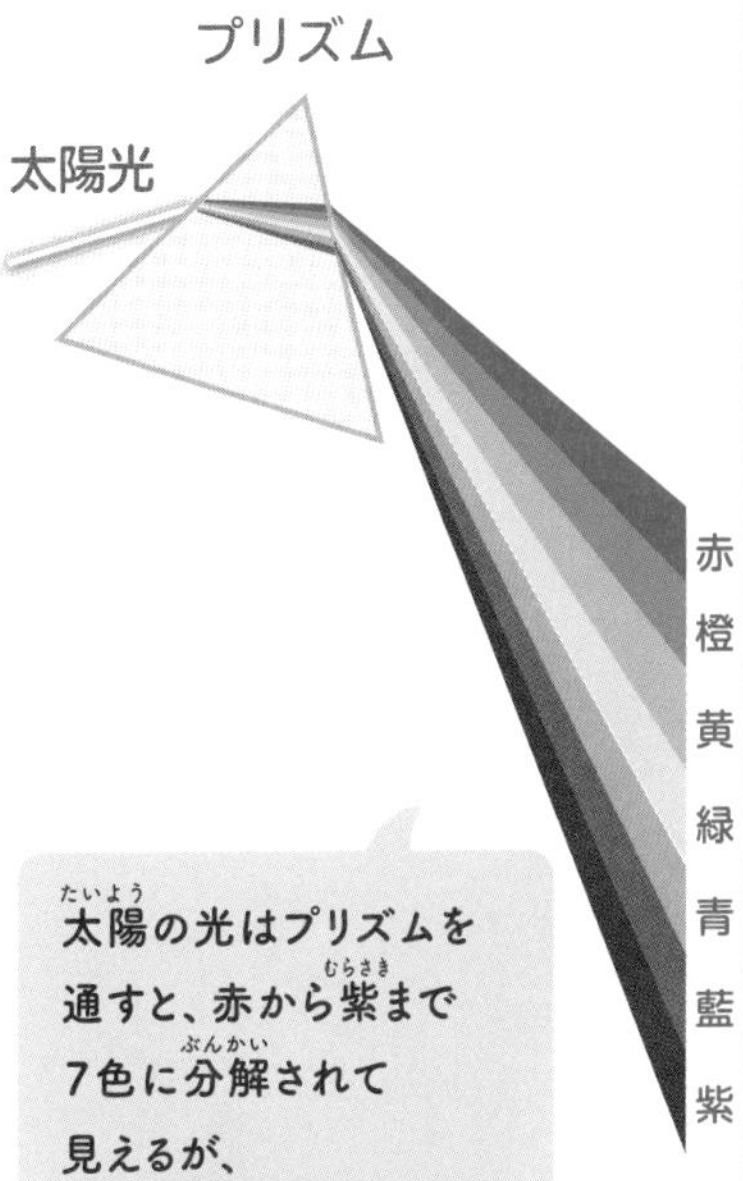

太陽《たいよう》の光はプリズムを通すと、赤から紫《むらさき》まで7色に分解《ぶんかい》されて見えるが、赤の外側《そとがわ》には目に見えない赤外線が、紫《むらさき》の外側《そとがわ》には目に見えない紫外線《しがいせん》が存在《そんざい》する

	特徴《とくちょう》	使《つか》われ方
赤外線	目に見えない 熱《ねつ》を伝《つた》える	体温計《たいおんけい》 サーモカメラ サウナ リモコン 光通信《ひかりつうしん》 LiDAR《ライダー》 医療脱毛《いりょうだつもう》 など
可視光《かしこう》	目に見える 大気を 通り抜《ぬ》ける	照明《しょうめい》・信号《しんごう》 プロジェクター ディスプレイ カメラ 光通信《ひかりつうしん》 レーザーポインタ イルミネーション CMYKインク など
紫外線《しがいせん》	目に見えない エネルギーが 高い	ブラックライト 殺菌《さっきん》・漂白《ひょうはく》 オゾン発生《はっせい》 蛍光灯《けいこうとう》 日焼《ひや》けマシン UVレジン 先端半導体生産《せんたんはんどうたいせいさん》 など

感《かん》じる程度《ていど》ですが、紫外線《しがいせん》があたると日焼《ひや》けしますよね。あれは、肌《はだ》の細胞《さいぼう》が光線によって傷《きず》つけられているからです。

でも適切《てきせつ》に使《つか》えば、殺菌《さっきん》や漂白《ひょうはく》に便利《べんり》ですし、物質《ぶっしつ》に変化《へんか》を与《あた》える力で、ジェルネイルやUVレジンを固《かた》められます。エネルギーの高さで、蛍光物質《けいこうぶっしつ》のスイッチにもなります。ブラックライトとして、偽札検知《にせさつけんち》などでも使《つか》われますね。

ちなみに光は「電磁波《でんじは》」の一種《しゅ》。赤外線のさらに外側《そとがわ》にはマイクロ波《は》や電波《でんぱ》、紫外線《しがいせん》のさらに先にはX線やガンマ線があります。それらも電子レンジ、通信《つうしん》、レントゲン、放射線治療《ほうしゃせんちりょう》などに使《つか》われる、とっても便利《べんり》な現象《げんしょう》です。

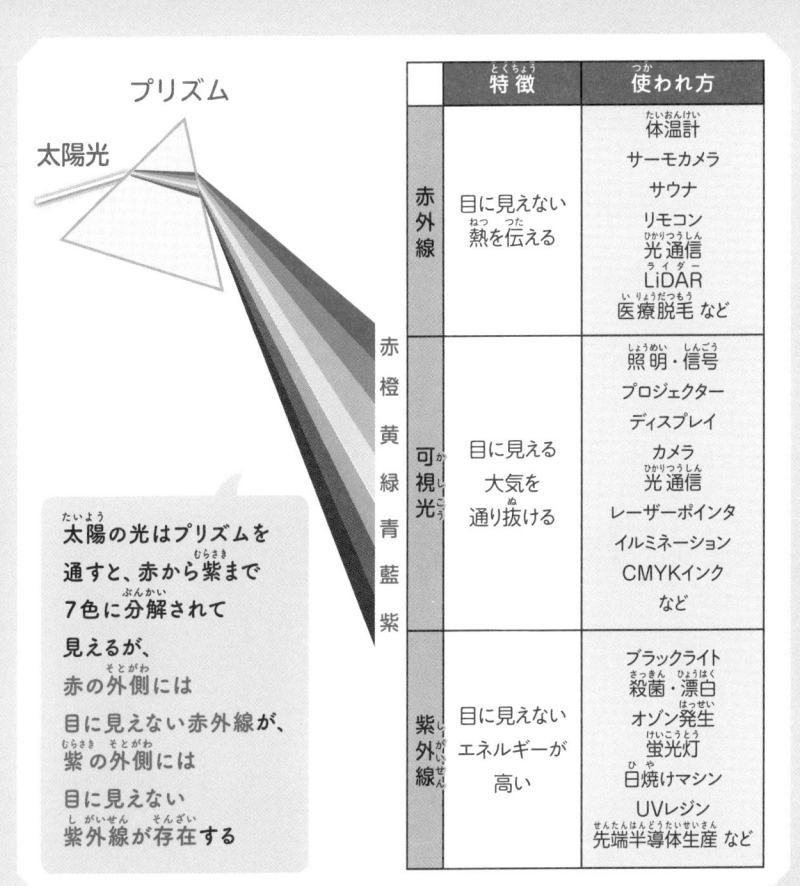

空港《くうこう》の手《て》荷物《にもつ》検査《けんさ》で バッグの中身《なかみ》がわかるのはどうして？

物体《ぶったい》をすり抜《ぬ》けるX線《エックスせん》で中身《なかみ》を画像化《がぞうか》する

空港《くうこう》で飛行機《ひこうき》に乗《の》る前には、荷《に》物《もつ》の中身《なかみ》を調《しら》べる手荷物検査《てにもつけんさ》がありますよね。このとき、荷物《にもつ》はベルトコンベアをスーッと流《なが》れて検《けん》査《さ》終了《しゅうりょう》。「中身《なかみ》見てないじゃん」と思うかもしれませんが、実《じつ》はカバンもトランクも、開《あ》けずに中身《なかみ》が見えちゃってるんです。

こうした手荷物検査《てにもつけんさ》では、電波《でんぱ》や光と同じ電磁波《でんじは》の一種《いっしゅ》「X線《エックスせん》」を使って荷物《にもつ》の中をチェックしています。これにはX線《エックスせん》が持《も》つ性質《せいしつ》が利用《りよう》されています。X線《エックスせん》は目に見えませんが、物体《ぶったい》をすり抜《ぬ》けるという、まるでオバケみたいな性《せい》質《しつ》があるんです。さらに、紙や皮《ひ》膚《ふ》など密度《みつど》が低い物質《ぶっしつ》はすり抜《ぬ》けやすく、金属《きんぞく》や骨《ほね》など密度《みつど》が高い物質《ぶっしつ》はすり抜《ぬ》けにくいといった特《とく》徴《ちょう》があるので、手荷物検査《てにもつけんさ》では、このすり抜《ぬ》ける割合《わりあい》（透過率《とうかりつ》）の差《さ》を利用《りよう》して、荷物《にもつ》の中を画像化《がぞうか》してチェックしているってわけ。X線《エックスせん》が透過《とうか》できない金属《きんぞく》は濃《こ》く鮮明《せんめい》に映《うつ》るので、刃物《はもの》などの危険《きけん》物《ぶつ》は一目瞭然《いちもくりょうぜん》です。

ちなみに、空港以外《くうこういがい》にもX線《エックスせん》が使《つか》われている場所《ばしょ》が身近《みぢか》にありますが、知っていますか？X線《エックスせん》のまたの名は「レントゲン線」。そう、病院《びょういん》でおなじみ、からだの中をスケスケに透視《とうし》しちゃうレントゲン、あれもX線《エックスせん》の力です。

手荷物検査《てにもつけんさ》のときパソコンなどの
電子機器《きき》を荷物《にもつ》から取《と》り出すのは、
X線から他《ほか》の荷物《にもつ》を隠《かく》さないようにするため。
ちょっと大変《たいへん》だけど、わたしたちの
安全《あんぜん》を守《まも》る大切な検査《けんさ》です！

クロダ

空港《くうこう》の
手荷物検査《てにもつけんさ》では、
荷物《にもつ》にX線《エックスせん》を照射《しょうしゃ》して、
危険物《きけんぶつ》が入って
いないか確認《かくにん》している

X線《エックスせん》は物質《ぶっしつ》の密度《みつど》によって透過率《とうかりつ》が異《こと》なり、
金属《きんぞく》など密度《みつど》が高い物質《ぶっしつ》ははっきり映《うつ》るので、
ナイフなどの危険物《きけんぶつ》は一目瞭然《いちもくりょうぜん》

CHECK!

電磁波《でんじは》ってなに？ すり抜《ぬ》けるってどういうこと？

X線《エックスせん》や光、スマホの電波《でんぱ》など、私たちの身近《みぢか》なところに電磁波《でんじは》はたくさんあります。これら電磁波《でんじは》は「波《なみ》」のように振動《しんどう》しながら進《すす》み、物質《ぶっしつ》にぶつかると、波《なみ》のエネルギーが「吸収《きゅうしゅう》」されたり、鏡《かがみ》のように「反射《はんしゃ》」したりします。そして、吸収《きゅうしゅう》も反射《はんしゃ》もされなかった波《なみ》が、物質《ぶっしつ》をすり抜《ぬ》ける「透過《とうか》」をするのです。

ドライアイスで人間を浮《う》かせる実験《じっけん》!?
予想《よそう》以上《いじょう》の成功《せいこう》に上機嫌《じょうきげん》のリチャード

家の中にも
テクノロジーが
つまってる！

身《み》のまわりのこれってどうなってるの？

紙パックなしで ゴミを集《あつ》める サイクロン掃除機《そうじき》って どういうしくみ？

回転《かいてん》による遠心力《えんしんりょく》で 空気《くうき》とゴミを分離《ぶんり》する

近年人気のサイクロン掃除機《そうじき》。ゴミをためる紙パックが不要《ふよう》で経《けい》済的《ざいてき》だし、吸引力《きゅういんりょく》も長続《ながつづ》きするからお手入れもらくちん！ ところで、このメリットを生み出している技術《ぎじゅつ》がなにか知ってますか？ サイクロン掃除機《そうじき》のベースにある科学《かがく》は「遠心力《えんしんりょく》」なんです。

遠心力《えんしんりょく》とは、ものが回転運動《かいてんうんどう》をするときに、外側《そとがわ》にグーッと押《お》し出される力。たとえば、車がカーブを曲《ま》がるときに、乗《の》っている人は外側《そとがわ》に押《お》し出されるように感《かん》じますよね。これが遠心力《えんしんりょく》です。

サイクロン掃除機《そうじき》は、吸《す》い込《こ》んだ空気《くうき》を高速《こうそく》で回転《かいてん》！ 掃除機《そうじき》の中に小さな渦巻《うずま》き（サイクロン）を発生《はっせい》させて、遠心力《えんしんりょく》を生み出しています。遠心力《えんしんりょく》には「重《おも》いものほど強くはたらく」という特徴《とくちょう》があるので、空気より重《おも》いゴミだけが外側《そとがわ》に押《お》し出されて、ダストカップに集《あつ》まるというわけ。

「じゃあ空気はどうなるの？」というと、ゴミと分離《ぶんり》された空気は、おもに掃除機《そうじき》の中央《ちゅうおう》からフィルターを通って排出《はいしゅつ》されます。こうして、遠心力《えんしんりょく》によって「ゴミ」と「空気」をうまく分離《ぶんり》できているから、紙パックは不要《ふよう》。少々ゴミがたまったくらいでは空気の流《なが》れは変《か》わらないので、吸引力《きゅういんりょく》も長続《ながつづ》きするのです。効率的《こうりつてき》ですね！

きれいになった空気は、中央部分《ちゅうおうぶぶん》を上昇《じょうしょう》して掃除機《そうじき》の外に排出《はいしゅつ》される

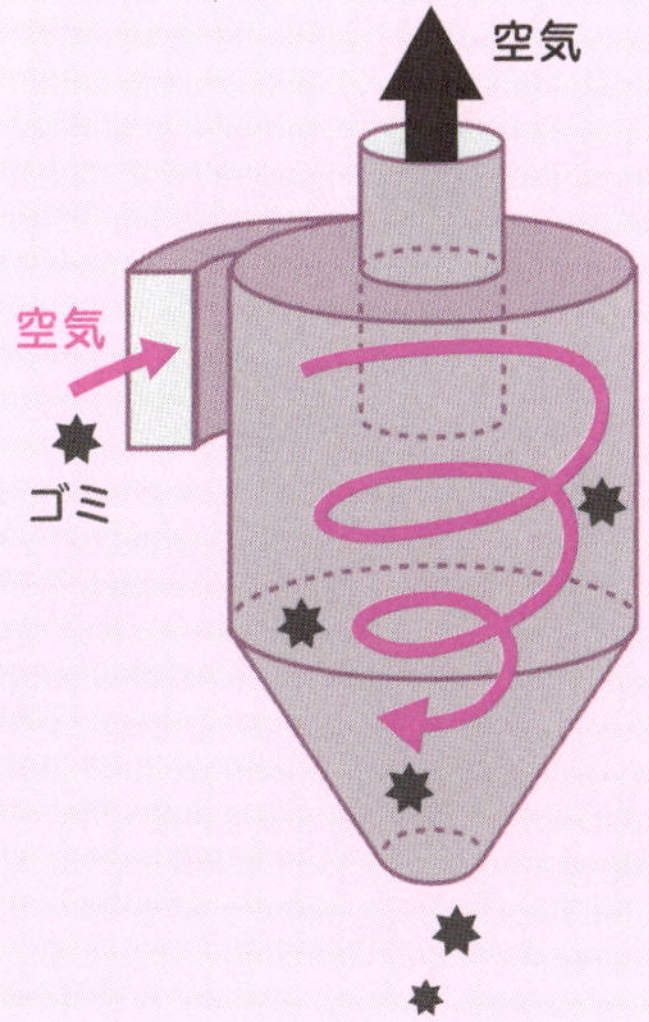

吸入口《きゅうにゅうぐち》から吸《す》い込《こ》まれた空気を高速《こうそく》で回転《かいてん》させることで、ゴミを外側《そとがわ》へはじき出す

ゴミは壁《かべ》にぶつかって落《お》ち、ダストボックスにたまる

CHECK!

「遠心力《えんしんりょく》」ってほかにどんなところで利用《りよう》されてるの？

遠心力《えんしんりょく》は身近《みぢか》なところで活用《かつよう》されています。たとえば洗濯機《せんたくき》の「脱水《だっすい》」。洗濯物《せんたくもの》の水を跳《は》ね飛《と》ばしているのも回転《かいてん》による遠心力《えんしんりょく》です。もし遠心力《えんしんりょく》を体験《たいけん》したいなら、水の入ったバケツをぐるぐる振《ふ》り回してみましょう。素《す》早《ばや》く回せばバケツが逆《さか》さまでも水はこぼれません。これも遠心力《えんしんりょく》です。ただし！ うまく止めないとずぶぬれに……。ちょっと危険《きけん》な実験《じっけん》です。

生活になくてはならない
エアコンってどうやって空気を冷《ひ》やしたり暖《あたた》めたりしてるの？

冷媒《れいばい》が空気中の熱《ねつ》だけを移動《いどう》している

暑《あつ》い夏を涼《すず》しく、寒《さむ》い冬を暖《あたた》かくしてくれるエアコンは、私たちの生活になくてはならない家電のひとつ。エアコンがない生活なんて、考《かんが》えられない！ でもどうやって、部屋《へや》の空気温度《おんど》を変《か》えているのでしょうか。

夏に冷《つめ》たい缶《かん》ジュースを持《も》っていると、だんだんと温《ぬる》くなっていきますよね。これは手の熱《ねつ》が缶《かん》ジュースに移動《いどう》したせい。また物質《ぶっしつ》には、ギューッと圧縮《あっしゅく》すると熱《ねつ》を持《も》ち、逆《ぎゃく》に圧《あつ》を低《ひく》く（減圧《げんあつ》）すると温度《おんど》が下がるという性質《せいしつ》があります。この原理を使《つか》ったのが、「ヒートポンプ」というテクノロジーです。

エアコンには部屋《へや》の中に室内機《しつないき》が、家の外に室外機《しつがいき》がありますよね。この2つはパイプでつながれていて、パイプの中には「冷媒《れいばい》」が循環《じゅんかん》しています。夏は室外機《しつがいき》の中にある強力《きょうりょく》なポンプで減圧《げんあつ》することで、パイプの中の冷媒《れいばい》を冷《ひ》やします。冷《ひ》えた冷媒《れいばい》が室内機《しつないき》に送《おく》られると、部屋《へや》の空気の中の熱《ねつ》だけを引き取《と》り、室外機《しつがいき》に移動《いどう》して熱《ねつ》を外に放出《ほうしゅつ》するのです。

冬はその逆《ぎゃく》。冷媒《れいばい》を高圧《こうあつ》にして温度《おんど》を上げることで、部屋《へや》の中の冷《つめ》たい空気に熱《ねつ》を移《うつ》していきます。空気を丸ごと入れ替《か》えているように感《かん》じますが、実《じつ》は空気中の熱《ねつ》だけを移動《いどう》しているんです。

暖房《だんぼう》の場合

室外機《しつがいき》が空気中から取《と》り込《こ》んだ熱《ねつ》は、**冷媒《れいばい》にのり**、室内機《しつないき》に運《はこ》ばれて**放出《ほうしゅつ》される**ことで、部屋《へや》が暖《あたた》まる

室外機《しつがいき》と室内機《しつないき》の間は

パイプでつながれ、パイプ内には

熱《ねつ》を運《はこ》ぶ冷媒《れいばい》が回っている。

冷房《れいぼう》と暖房《だんぼう》では**冷媒《れいばい》が逆《ぎゃく》に回る**

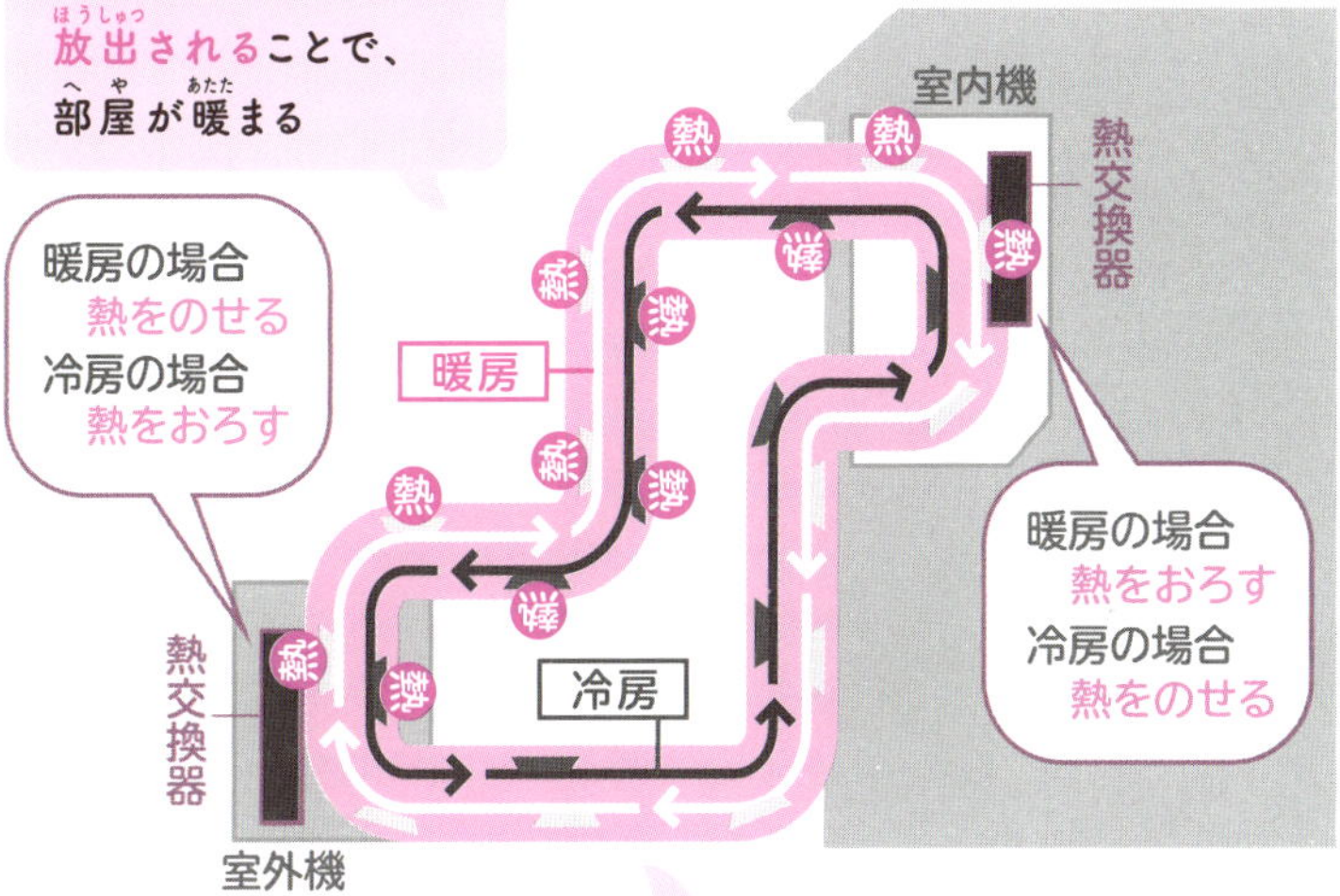

冷房《れいぼう》の場合

室内機《しつないき》が吸《す》い込《こ》んだ空気から、**熱《ねつ》だけが冷媒《れいばい》に取《と》り込《こ》まれる**ので、部屋《へや》が冷《ひ》える。

冷媒《れいばい》にのった熱《ねつ》は**室外機《しつがいき》に運《はこ》ばれて放出《ほうしゅつ》される**

CHECK!

熱《ねつ》はどうして高い温度《おんど》から低《ひく》い温度《おんど》へ移《うつ》るの？

アツアツのごはんのお米をめちゃくちゃズームインして見ると、実《じつ》はお米の内部《ないぶ》では、分子が激《はげ》しく飛《と》び回っています。この分子の運動《うんどう》エネルギーが「熱《ねつ》」なんです。熱《あつ》いごはんを冷《ひ》えたお茶わんに入れると、茶わんに触《ふ》れている部分《ぶぶん》から冷《さ》めていきますよね。それは、お茶わんのほうが分子の動《うご》きが鈍《にぶ》いから。お米の運動《うんどう》エネルギーを吸収《きゅうしゅう》しちゃうためなんですね。

よく考えたら不思議《ふしぎ》!?

電子レンジってどうやって温《あたた》めてるの?

マイクロ波《は》という電磁波《でんじは》で食品《しょくひん》の内部《ないぶ》からホカホカに!

みなさんの家にある電子レンジ、英語《えいご》で何というか知っていますか? 答えは「Microwave Oven(マイクロウェーブオーブン)」。電子レンジは、「マイクロ波《は》」を使《つか》った調理《ちょうり》家電なんです。

ではマイクロ波《は》とは? も気になりますよね。これは光や電波《でんぱ》と同じ電磁波《でんじは》のひとつ。波《なみ》の細かさはGHz(ギガヘルツ)という単《たん》位《い》で表《あらわ》されます。電子レンジでは2・45GHzのマイクロ波《は》が利用《りよう》されていますが、この数字は1秒《びょう》間《かん》に24億《おく》5000万回の波《なみ》(振《しん》動《どう》)が発生《はっせい》しているという意味《いみ》。

電子レンジで食べ物《もの》が温《あたた》まるのも、この波《なみ》の力で、波《なみ》が食品《しょくひん》の中の水分(水の分子)をブルブルと激《はげ》しく振動《しんどう》させ、そのときに生じる摩《ま》擦熱《さつねつ》が食品《しょくひん》を内側《うちがわ》から温《あたた》めているんですね。

なお、電子レンジの出力はW(ワット)で表《あらわ》され、値《あたい》が大きいほど加熱《かねつ》する力も強くなります。コンビニの業務用《ぎょうむよう》レンジだとはやく温《あたた》まるのも、1500Wほどとハイパワーだから。家庭用《かていよう》レンジが600Wだとしたら、2・5倍《ばい》も強力なんです。温《あたた》め時間は出力に比例《ひれい》するので、1500W1分で温《あたた》まるお弁当《べんとう》は、600Wなら2・5倍《ばい》で2分30秒《びょう》。覚《おぼ》えておくと便利《べんり》です。

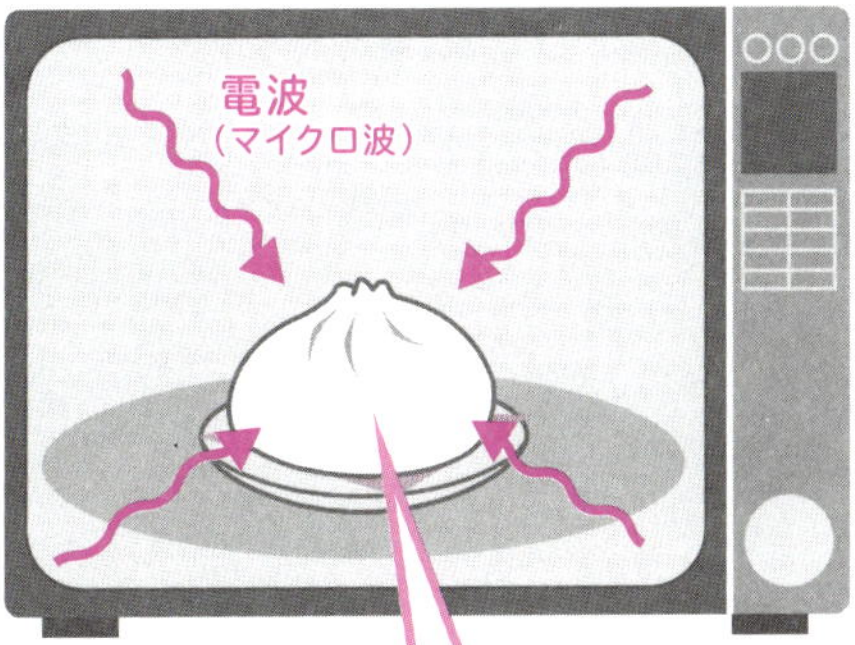

電磁波《でんじは》はほかの分子も
震《ふる》わせますが、水はとくに
振動《しんどう》が激《はげ》しいんです。
ちなみに氷《こおり》はレンジの
影響《えいきょう》を受《う》けにくいので、
解凍《かいとう》はニガテ。

電子レンジのマイクロ波《は》が食品《しょくひん》にあたると、
食品《しょくひん》中の水分子が激《はげ》しく振動《しんどう》し、摩擦熱《まさつねつ》が発生《はっせい》する

CHECK!

温度《おんど》ってなに？ 熱《ねつ》の正体ってなんだ？

わたしたちの世界《せかい》は、目に見えない小さな「原子」の集《あつ》まりでできています。そこに目を近《ちか》づけてみると、実《じつ》は原子たちは常《つね》に振動《しんどう》しているんです。この振動《しんどう》をはじめとする原子の運動《うんどう》が、「熱《ねつ》」の正体（熱運動《ねつうんどう》といわれます）。物質《ぶっしつ》は熱運動《ねつうんどう》が弱い状態《じょうたい》では「固体《こたい》」。熱運動《ねつうんどう》が激《はげ》しくなるにつれ「液体《えきたい》」→「気体」へと性質《せいしつ》を変《か》えていきます。そう、理科の授業《じゅぎょう》で習《なら》う水の状態変化《じょうたいへんか》。これも熱運動《ねつうんどう》なんです。

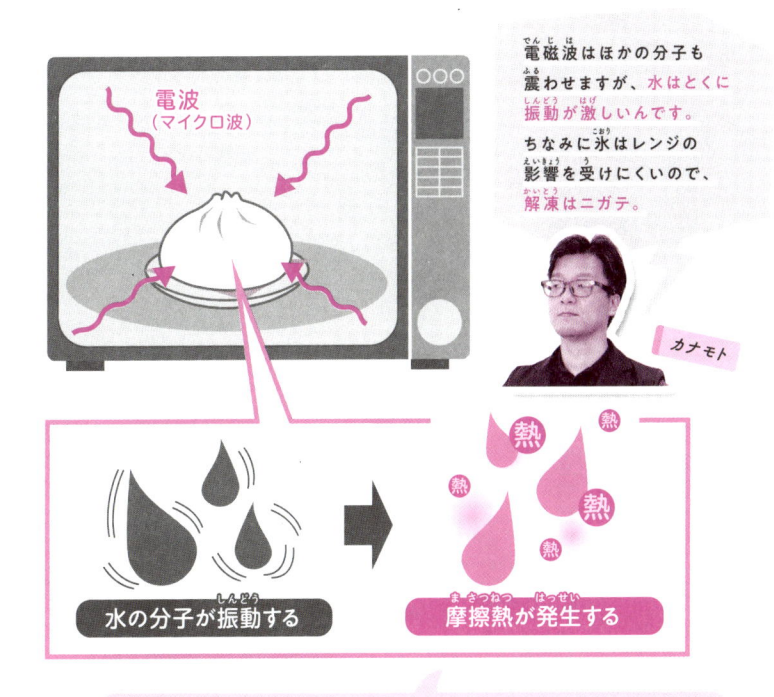

気になるのは体重《たいじゅう》だけじゃない！

体組成計《たいそせいけい》ってどうして筋肉《きんにく》や脂肪《しぼう》、骨《ほね》の量《りょう》がわかるの？

電流《でんりゅう》の流《なが》れる量《りょう》からからだの中を推定《すいてい》する

体重《たいじゅう》だけでなく、体脂肪率《たいしぼうりつ》や筋肉《きんにく》、骨《ほね》の量《りょう》なども計測《けいそく》できる「体組成計《たいそせいけい》」。ダイエットや筋《きん》トレ、健康管理《けんこうかんり》の強《つよ》い味方《みかた》ですが、なぜのるだけで、からだの中までわかるの？ 不思議《ふしぎ》ですよね。これ、実《じつ》は電気によるものなのです。

体組成計《たいそせいけい》をよく見ると、足をのせる部分《ぶぶん》には、金属《きんぞく》の「電極《でんきょく》」がありますよね。体組成計《たいそせいけい》はここから微弱《びじゃく》な電気を流《なが》して、からだの中を計測《けいそく》する「生体インピーダンス（ＢＩＡ）」という方法《ほうほう》で測定《そくてい》しています。これは、物質《ぶっしつ》ごとの電気の通りやすさの違《ちが》いを利用《りよう》した測定方法《そくていほうほう》。

たとえば、水分と電解質《でんかいしつ》を多く含《ふく》む筋肉《きんにく》は電気を通しやすいのに対《たい》して、水分の少ない脂肪《しぼう》や骨《ほね》はほとんど電気を通しません。また、よく運動《うんどう》する人の筋肉《きんにく》は太く、電気が流《なが》れやすい特徴《とくちょう》があります。これらからだの中の電気の流《なが》れやすさ（電気抵抗《でんきていこう》）を測定《そくてい》し、年齢《ねんれい》や性別《せいべつ》、身長《しんちょう》など事前《じぜん》に登録《とうろく》したデータと照《て》らし合わせることで、体組成《たいそせい》を推定《すいてい》しているのです。

ちなみに測定結果《そくていけっか》は、食事《しょくじ》や飲《の》んだ水分、運動《うんどう》などの影響《えいきょう》も受けやすいので、毎日決まった時間《じかん》・状態《じょうたい》で測《はか》りましょう。ごはんを抜《ぬ》いて少しでも軽《かる》くなりたい。その気持《きも》ちもわかりますけどね……。

体組成計《たいそせいけい》にのると、
からだに微弱《びじゃく》な電流《でんりゅう》が流《なが》れる

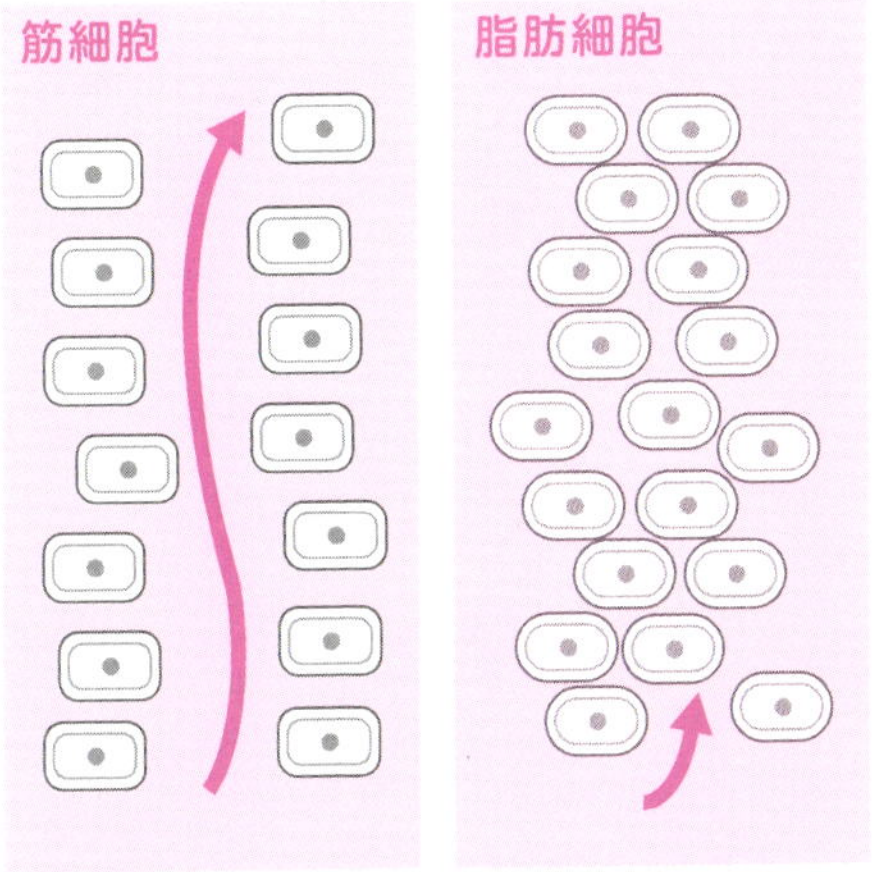

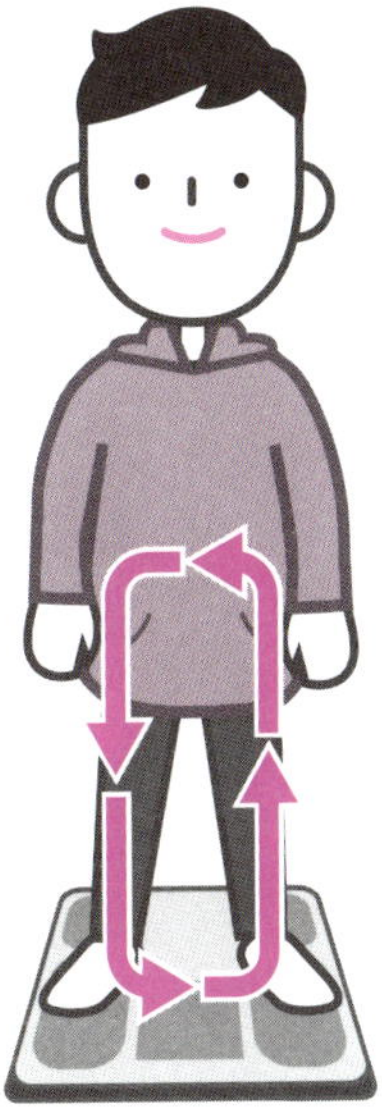

筋肉《きんにく》は電気を通しやすいが、脂肪《しぼう》や骨《ほね》は電気を通さないので、電流《でんりゅう》の流《なが》れにくさ（抵抗値《ていこうち》）を測《はか》ることで、体組成《たいそせい》を推定《すいてい》する

CHECK!

からだが電気を通す理由《りゆう》は「水」にある

雷《かみなり》が鳴《な》ると海《うみ》やプールが禁止《きんし》になるように、水は電気をよく通すイメージがありますよね。でも実《じつ》は、「純粋《じゅんすい》な水」はほとんど電気を通さないのです。電流《でんりゅう》が流《なが》れるためには、水に「電解質《でんかいしつ》（イオン）」が含《ふく》まれている必要《ひつよう》があります。これは水に溶《と》けると電気を通す物質《ぶっしつ》のことで、人間の体液《たいえき》や筋肉《きんにく》には、ナトリウムやカリウムなど多くの電解質《でんかいしつ》が含《ふく》まれているため、ビビッと電流《でんりゅう》が流《なが》れるのです。

夏に大流行《だいりゅうこう》した ネッククーラーってどうして冷《つめ》たくなるの？

特殊《とくしゅ》な素材《そざい》が溶《と》けながら熱《ねつ》を吸収《きゅうしゅう》する

毎日のように猛暑日《もうしょび》が続《つづ》く日本の夏。そんな夏の必需品《ひつじゅひん》としてここ数年注目《ちゅうもく》されているのが、ネッククーラー。首元の太い血管《けっかん》を冷《ひ》やすことで、からだ全体《ぜんたい》の体温《たいおん》を下げやすくなるので、熱中症《ねっちゅうしょう》対《たい》策《さく》にも効果的《こうかてき》といわれています。

ネッククーラーには、いくつかのタイプがありますが、手軽《てがる》なものは電源《でんげん》いらずの「ネックリング」タイプ。一見するとプラスチックみたいですが、リングにはPCM《ピーシーエム》（Phase Change Material）という特殊《とくしゅ》な素材《そざい》が入っています。低温《ていおん》時《じ》には熱《ねつ》を放出《ほうしゅつ》して固《かた》まり、高《こう》温《おん》になると熱《ねつ》を吸収《きゅうしゅう》して溶《と》ける性《せい》質《しつ》があるPCM。ネッククーラーはこの特性《とくせい》を利用《りよう》し、多くは28℃で溶《と》けるよう設計《せっけい》されたもの。体温《たいおん》が上がるとPCM素材《そざい》が肌《はだ》の熱《ねつ》を吸収《きゅうしゅう》して溶《と》け始《はじ》め、冷《つめ》たさを感《かん》じられるのです。

ちなみに、水が凍《こお》るのは0℃からですが、ネッククーラーのPCMは、なんと28℃前後《ぜんご》で凍《こお》っちゃいます！ なので、ネッククーラーを冷《ひ》やすには冷蔵庫《れいぞうこ》いらず。水で冷《ひ》やすだけで、凍《こお》って（固体《こたい》になって）くれるので、手軽に復活《ふっかつ》、便《べん》利《り》ですね！ ちなみに、PCM素《そ》材《ざい》は幅広《はばひろ》い温度設定《おんどせってい》が可能《かのう》なので、冬に首元を温《あたた》めてくれるアイテムも販売《はんばい》されています。

肌《はだ》の熱《ねつ》を吸収《きゅうしゅう》して、28℃になると
PCM《ピーシーエム》素材《そざい》が溶《と》けて液体《えきたい》に変《か》わる

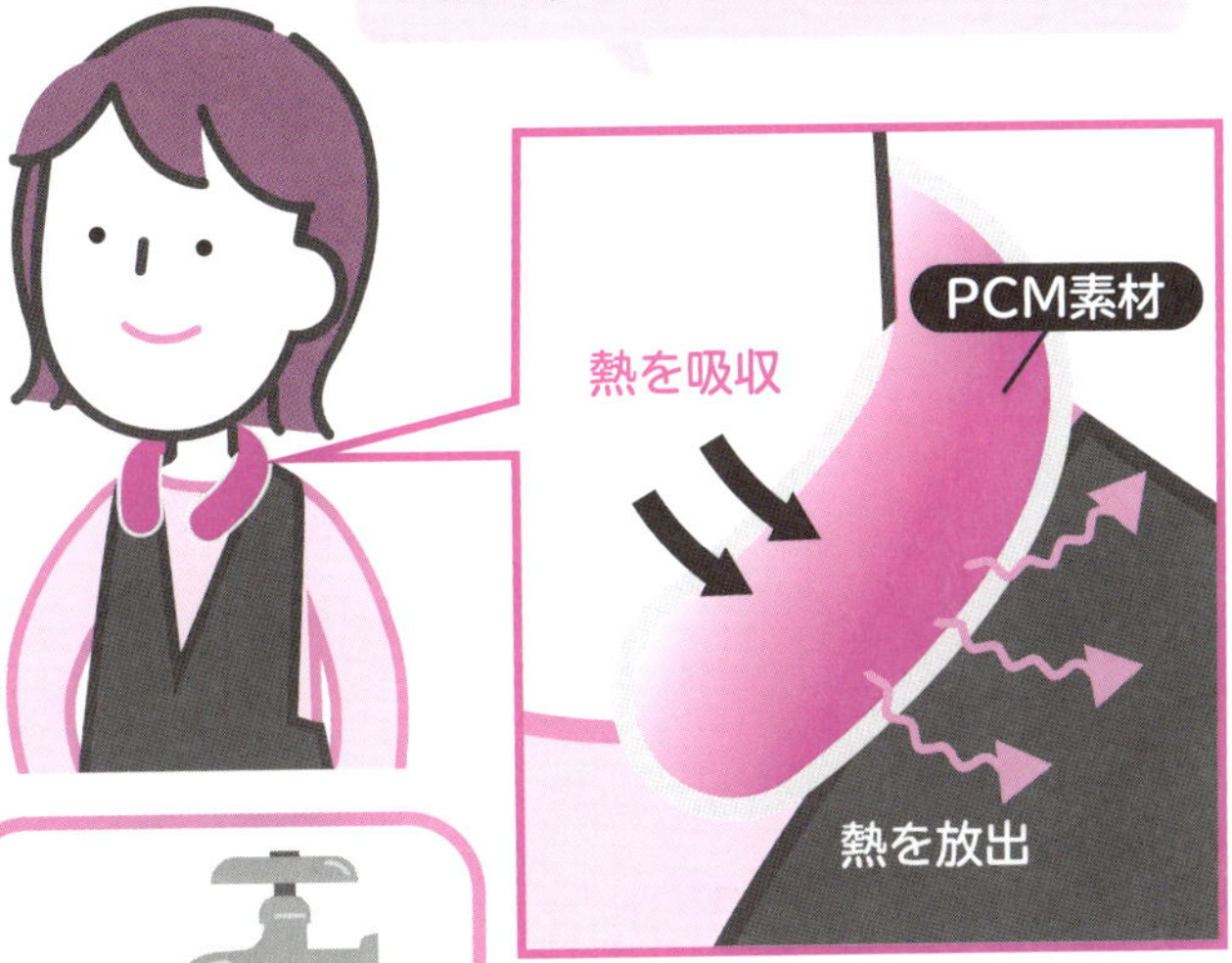

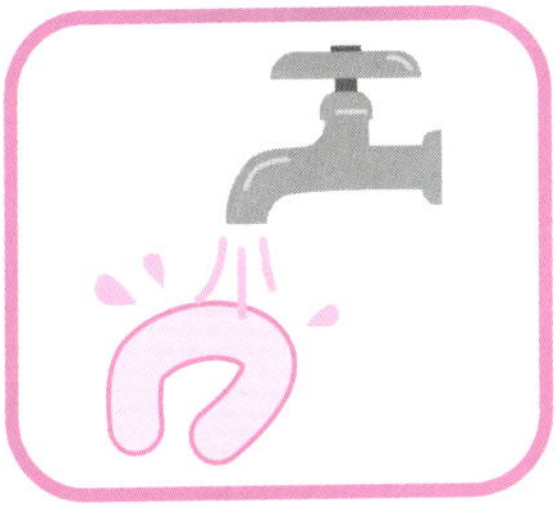

28℃以下《いか》に冷《ひ》やすと
熱《ねつ》を放出《ほうしゅつ》して固《かた》まるので、
水道水で冷《ひ》やすだけで
再《ふたた》び使《つか》える

CHECK!

ペルチェ素子《そし》を使《つか》った進化系《しんかけい》ネッククーラーも

ネックリングと並《なら》んで人気なのが、「ペルチェ素子《そし》」を使《つか》ったネッククーラー。ペルチェ素子《そし》には、電気を通すと一方の面《めん》が冷《つめ》たく、反対側《はんたいがわ》が熱《あつ》くなる性質《せいしつ》があるので、この特性《とくせい》を使《つか》って肌《はだ》に触《ふ》れる金属《きんぞく》プレートを冷却《れいきゃく》、発生《はっせい》する熱《ねつ》はファンで排気《はいき》して、効率《こうりつ》よく冷《ひ》やしてくれます。でも電気（バッテリー）が必要《ひつよう》なので、事前《じぜん》にしっかり充電《じゅうでん》を。

いまさらだけどよく知らない

冷蔵庫《れいぞうこ》ってどうやって冷《ひ》やしてるの？

蒸発《じょうはつ》するときの気化熱《きかねつ》を使《つか》って冷《ひ》やしている

ジュースを冷《ひ》やしてくれる冷蔵庫《れいぞうこ》と、氷《こおり》を作ったりアイスを冷《ひ》やしたりしてくれる冷凍庫《れいとうこ》。ドアを開《ひら》くと、ひやーっとした空気が出てきます。でも、どうやって空気を冷《ひ》やしているのか不思議《ふしぎ》ですよね？実《じつ》はエアコンと同じく、ヒートポンプの技術《ぎじゅつ》が使《つか》われているんです。

ただし、冷蔵庫《れいぞうこ》や冷凍庫《れいとうこ》はエアコンと違《ちが》って、空気を温《あたた》める必要《ひつよう》はありません。なので、気化熱《きかねつ》の原理を用いたシンプルな構造《こうぞう》をしています。

ところで、気化熱《きかねつ》ってなんでしょうか？お風呂《ふろ》上がりにからだをふかずにぬれたままでいると、どんどんからだが冷《ひ》えてしまって風邪《かぜ》をひきますよね。これは、肌《はだ》に残《のこ》っていた水滴《すいてき》が蒸発《じょうはつ》する（液《えき》体《たい》から気体へ変《か》わる）ときに、周《しゅう》囲《い》の熱《ねつ》、すなわち体温《たいおん》を奪《うば》っていくためですが、これが気化熱《きかねつ》の原理です。

冷蔵庫内《れいぞうこない》の空気を冷《ひ》やすためにはたらくのが「冷媒《れいばい》」です。最初《さいしょ》は液体《えきたい》ですが、冷蔵庫内《れいぞうこない》で圧力《あつりょく》を下げて気体ガスへと変化《へんか》させます。そのときに、冷蔵庫内《れいぞうこない》の空気《くうき》から熱《ねつ》を吸収《きゅうしゅう》するのです。ガス化した冷媒《れいばい》は冷蔵庫《れいぞうこ》の外で熱《ねつ》を放出《ほうしゅつ》すると、再《ふたた》び圧縮《あっしゅく》されて液体化《えきたいか》します。これを繰《く》り返《かえ》すことで冷蔵庫《れいぞうこ》を冷《ひ》やしていくんですね。

冷媒《れいばい》が庫内《こない》の熱《ねつ》を奪《うば》って、液体《えきたい》から気体に変《か》わる

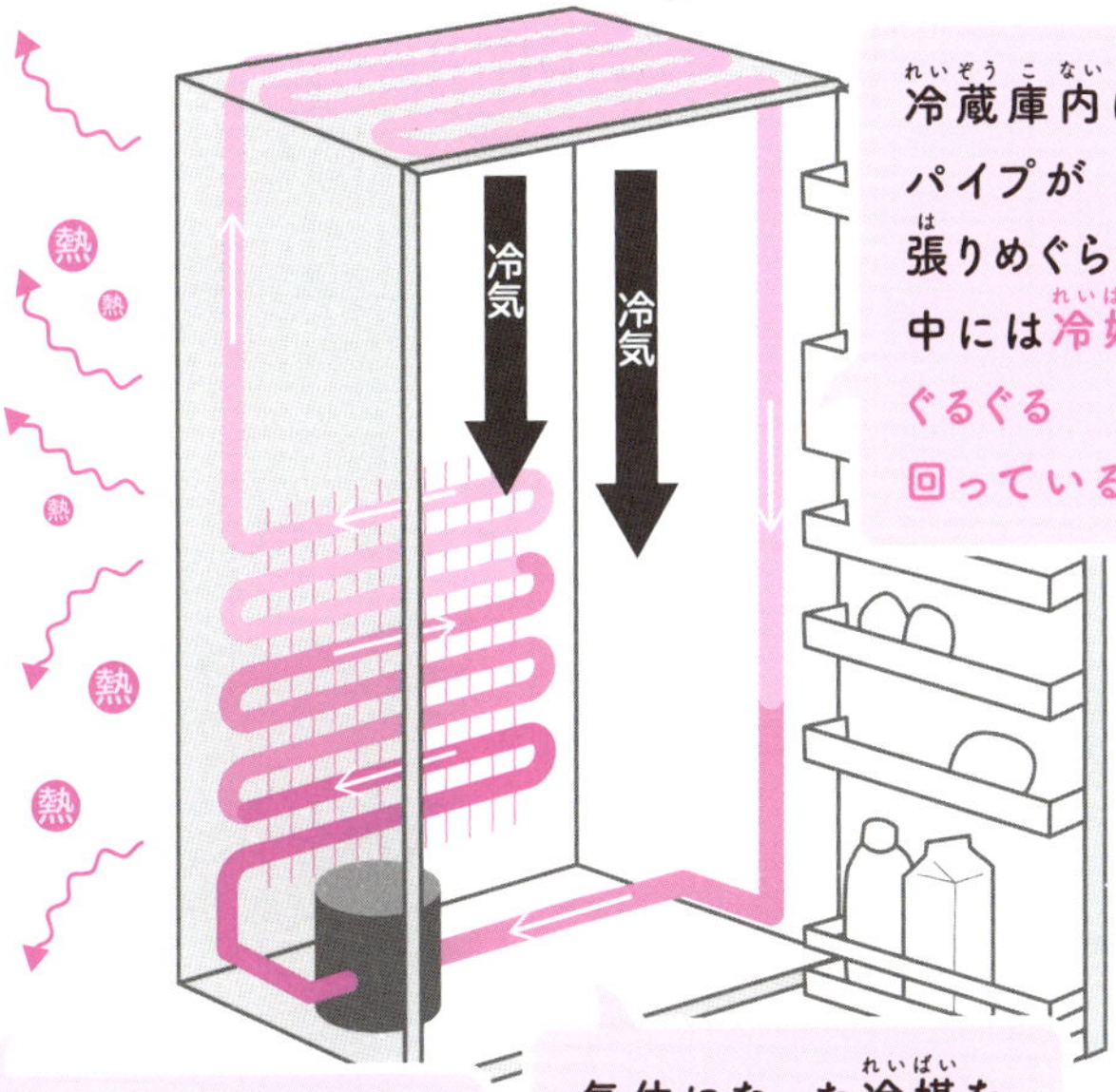

冷蔵庫内《れいぞうこない》には
パイプが
張《は》りめぐらされ、
中には冷媒《れいばい》が
ぐるぐる
回っている

気体になった冷媒《れいばい》を
コンプレッサーで
圧縮《あっしゅく》して液体《えきたい》に戻《もど》す

気体から液体《えきたい》へ変化《へんか》して
熱《あつ》くなった冷媒《れいばい》は、
冷蔵庫《れいぞうこ》の表面《ひょうめん》で熱《ねつ》を
放出《ほうしゅつ》することで冷《ひ》やされる

CHECK! 気化《きか》するときに周囲《しゅうい》の熱《ねつ》が奪《うば》われるのはどうして？

水を例《れい》として考えてみましょう。水は温度《おんど》によって気体（水蒸気《すいじょうき》）・液《えき》体《たい》（お湯《ゆ》／水）・固体《こたい》（氷《こおり》）へと変化《へんか》します。カチカチの氷《こおり》は分子もガッチガチにくっついています。でも水蒸気《すいじょうき》は、分子《ぶんし》がバラバラになってしかも動《うご》きまくっている！ 状態《じょうたい》が変《か》わるごとに分子構造《ぶんしこうぞう》も変《か》わりますが、その変化《へんか》のタイミングで周囲《しゅうい》から熱《ねつ》エネルギーを吸《す》い取《と》っていくんですよ。

IH《アイエイチ》クッキングヒーターって触《さわ》っても熱《あつ》くないのはどうして？

金属《きんぞく》の鍋《なべ》の底《そこ》を直接《ちょくせつ》温《あたた》める電磁誘導加熱《でんじゆうどうかねつ》のおかげ

火が出なくて安心《あんしん》、お手入れも簡単《かんたん》！と人気のIH《アイエイチ》クッキングヒーター。実《じつ》は手を置《お》いても熱《あつ》くないって知ってましたか？IH対応《たいおう》の鍋《なべ》やフライパンはちゃんと温《あたた》まるのになぜ？これにはIHの原理が関係《かんけい》しています。

IH《アイエイチ》は日本語で「電磁誘導加《でんじゆうどうか》熱《ねつ》」、その名が示《しめ》すように「電気」と「磁場《じば》」が加熱《かねつ》に関係《かんけい》しています。

IHクッキングヒーターのガラスプレートの下にはコイルが埋《う》め込《こ》まれていて、コイルに電気を流《なが》すと磁石《じしゃく》のような磁場《じば》が発生《はっせい》。磁場《じば》はガラスプレートを通り抜《ぬ》けて鍋《なべ》底《そこ》へ伝《つた》わります。

鍋底《なべそこ》に伝《つた》わった磁場《じば》は、金属《きんぞく》の中で「渦電流《うずでんりゅう》」というぐるぐる渦《うず》を巻《ま》く電気の流《なが》れに変《か》わります。金属《きんぞく》は電気をよく流《なが》しますが、流《なが》さないぞ！とふんばる「抵抗《ていこう》」もあって、この流《なが》す力と流《なが》すまいとする抵抗《ていこう》とが押《お》し合うことで「熱《ねつ》」が生まれているのです。

この電流《でんりゅう》の抵抗《ていこう》から発生《はっせい》する熱《ねつ》は「ジュール熱《ねつ》（抵抗熱《ていこうねつ》）」と呼《よ》ばれます。ジュール熱《ねつ》は、鍋底《なべぞこ》の金《きん》属《ぞく》で発生《はっせい》するので、IH自体《じたい》は熱《あつ》くならないというわけ。とはいえ、鍋《なべ》の熱《ねつ》がガラスプレートへ伝《つた》わるので、お料理後《りょうりご》は熱《あつ》くなっています。触《さわ》るとやけどしちゃうので、実験《じっけん》はしないでくださいね！

③鍋底《なべぞこ》の金属部分《きんぞくぶぶん》では、渦電流《うずでんりゅう》と抵抗《ていこう》がぶつかり合い熱《ねつ》が発生《はっせい》する

②発生《はっせい》した磁場《じば》は鍋底《なべぞこ》にぶつかり、渦電流《うずでんりゅう》という電気の流《なが》れをつくり出す

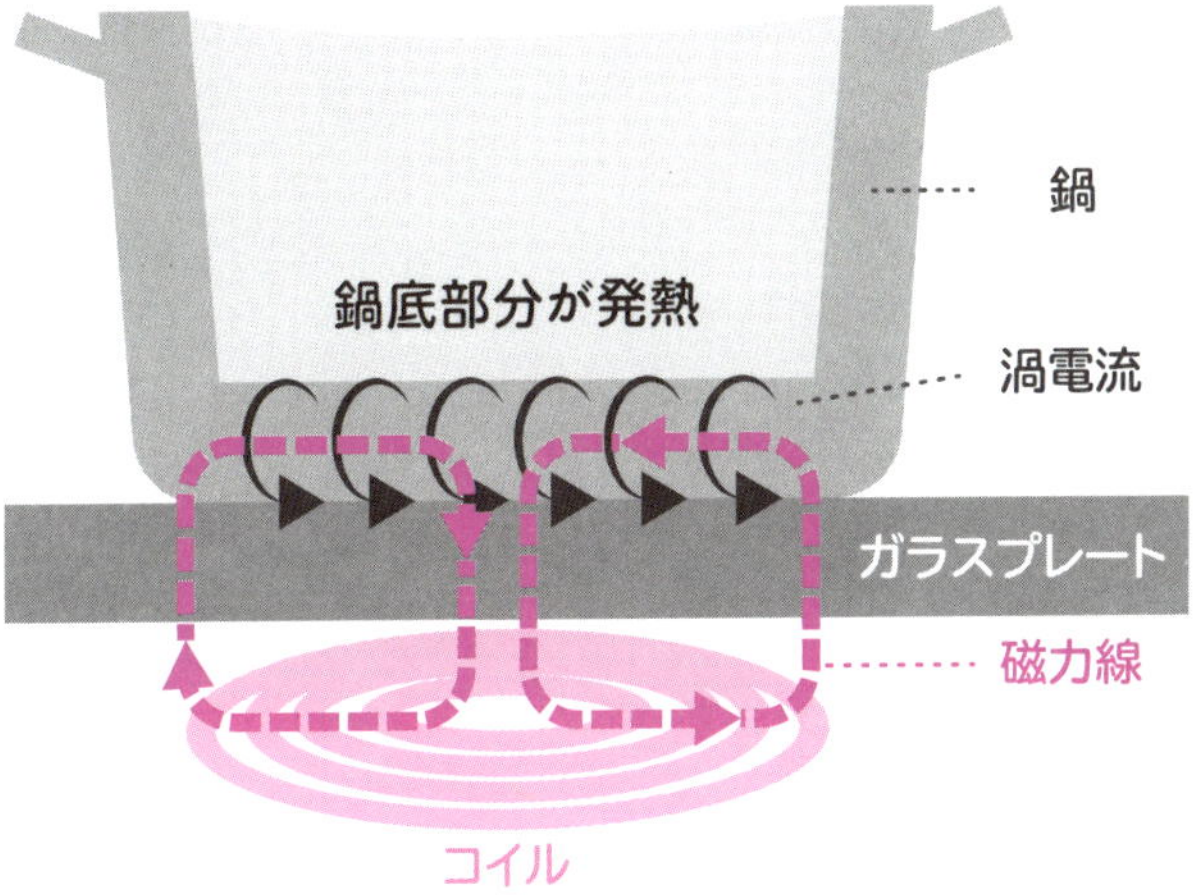

①ガラスプレートの下にはコイルがあり、電気を流《なが》すと磁場《じば》が発生《はっせい》する

CHECK!

電気抵抗《でんきていこう》が熱《ねつ》を発生《はっせい》させる「ジュール熱《ねつ》（抵抗熱《ていこうねつ》）」って？

ＩＨヒーターのしくみはわかったけど、抵抗《ていこう》から熱《ねつ》が発生《はっせい》するのはなぜ？ もうちょっと詳《くわ》しく説明《せつめい》しますね。金属《きんぞく》などの電気を通す物質《ぶっしつ》（導《どう》体《たい》）に電気を流《なが》すと、そのなかで「電子」が移動《いどう》を始《はじ》めます。移動《いどう》する電子は、移動《いどう》を妨《さまた》げる原子や分子などの「抵抗《ていこう》」にぶつかりながら移動《いどう》するので、このときの衝突《しょうとつ》エネルギーが「熱《ねつ》」に変《か》わっているのです。

長寿命《ちょうじゅみょう》で省電力《しょうでんりょく》なLED《エルイーディー》電球《でんきゅう》

白熱電球《はくねつでんきゅう》や蛍光灯《けいこうとう》とはなにが違《ちが》うの？

発光《はっこう》ダイオードを使《つか》った ムダのない照明《しょうめい》

白熱電球《はくねつでんきゅう》や蛍光灯《けいこうとう》よりも省《しょう》エネで長持《ながも》ち、しかも割《わ》れにくい！といいことだらけのLED《エルイーディー》電球《でんきゅう》。最《さい》近《きん》は主流《しゅりゅう》になりつつありますよね。消費電力《しょうひでんりょく》で見ると、60W《ワット》の白《はく》熱電球《ねつでんきゅう》と同じ明るさの蛍光灯《けいこうとう》は、約11〜12W、LED電球《でんきゅう》は約6〜7W。寿命《じゅみょう》も白熱電球《はくねつでんきゅう》が1000〜2000時間、蛍光灯《けいこうとう》が約1万2000時間なのに対《たい》して、LED

白熱電球《はくねつでんきゅう》が発光《はっこう》するしくみ

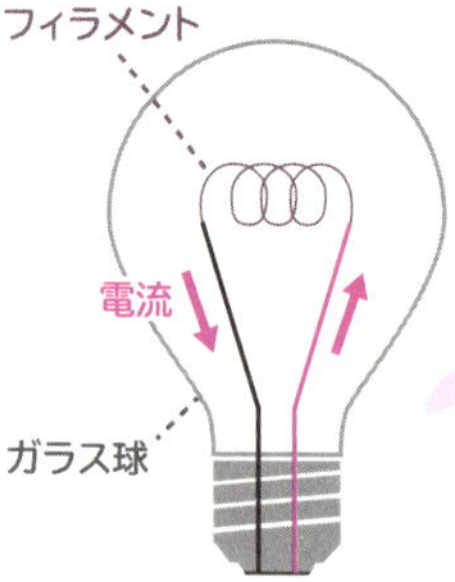

フィラメントに電流《でんりゅう》を流《なが》し、その電気抵抗《ていこう》によって光と熱《ねつ》を発生《はっせい》させる。ただし、電力のほとんどは光ではなく熱《ねつ》になってしまう

蛍光灯《けいこうとう》が発光《はっこう》するしくみ

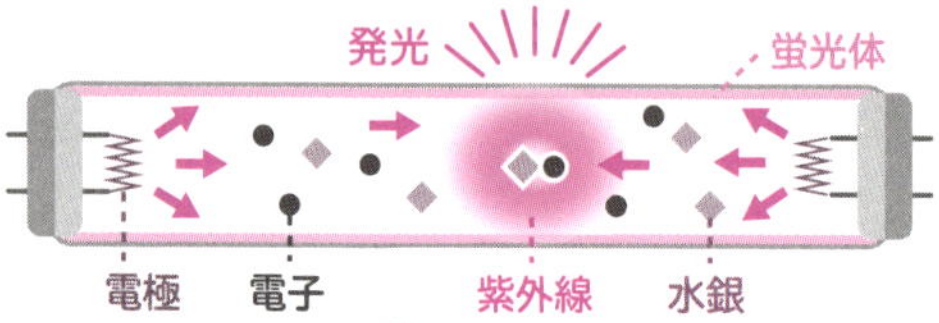

左右の電極《でんきょく》から電流《でんりゅう》を流《なが》すと、電子が水銀《すいぎん》原子にぶつかって紫外線《しがいせん》を発生《はっせい》させ、その紫外線《しがいせん》が管《かん》に塗《ぬ》られた蛍光体《けいこうたい》にあたって光を放出《ほうしゅつ》する

CHECK!

白熱電球《はくねつでんきゅう》とは異《こと》なり LED《エルイーディー》電球《でんきゅう》はさまざまな 色を表現《ひょうげん》できる

LEDは最初《さいしょ》、赤い色しか出せませんでした。しかし他《ほか》の色で光るLEDが開発《かいはつ》され、ついには青色LED＋補色《ほしょく》の黄色蛍光《けいこう》を合わせた疑似《ぎじ》白色LEDや、「光の三原色」である赤、緑《みどり》、青の3つの色の光を混《ま》ぜ、真《しん》の白色で光り輝《かがや》く高演色白色《こうえんしょくはくしょく》LEDが作られました。なお高《こう》演色白色《えんしょくはくしょく》LEDはそれぞれの色の明るさを変えることで、紫《むらさき》やオレンジといった色の光も出せるので、かっこいい写真《しゃしん》を撮《と》るときにも使《つか》われています。

LED《エルイーディー》電球《でんきゅう》が発光《はっこう》するしくみ

LED《エルイーディー》とは発光《はっこう》ダイオード（Light Emitting Diode）のこと。LEDを発光《はっこう》させるLEDチップは、2種類《しゅるい》の半導体《はんどうたい》で構成《こうせい》されている

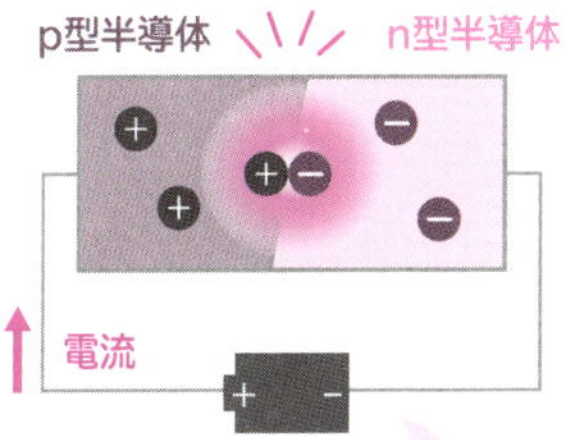

電流《でんりゅう》を流《なが》すと、半導体《はんどうたい》の片方《かたほう》がプラスの電気を、もう片方《かたほう》はマイナスの電気を運《はこ》び、プラスとマイナスの電気がぶつかる際《さい》に、エネルギーが光となって放出《ほうしゅつ》される

電球《でんきゅう》は約4万時間とズバ抜《ぬ》けています。なぜこんなに違《ちが》うの？

それはLED電球《でんきゅう》のシンプルな発光《はっこう》のしくみにあります。白熱電球《はくねつでんきゅう》はフィラメントと呼《よ》ばれる金属《きんぞく》線に電気を流《なが》し、電気抵抗《ていこう》によって光らせますが、そのときに強い熱《ねつ》を出すため劣化《れっか》しやすいのです。

蛍光灯《けいこうとう》はガラス管《かん》の中で発生《はっせい》した紫外線《しがいせん》の光を、蛍光塗料《けいこうとりょう》を通して白く見せていますが、蛍光塗《けいこうと》料《りょう》が劣化《れっか》したり、内部の電極《でんきょく》が黒ずむことで使《つか》えなくなります。

LED電球《でんきゅう》はというと、電気を流《なが》すことで直接《ちょくせつ》光を放《はな》つ「発光《はっこう》ダイオード」を使用《しよう》しています。最初《さいしょ》から光るためのパーツを使《つか》っているので、ムダがないんですね。

何《なん》度《ど》でも充電《じゅうでん》して使《つか》える リチウムイオン電池のしくみって？

エネルギーを使《つか》うとき（放電時《ほうでんじ》）

リチウムイオン電池は、プラス極《きょく》、マイナス極《きょく》、セパレータ、電解液《でんかいえき》で構成《こうせい》され、プラス極《きょく》とマイナス極《きょく》には、リチウムイオンをたくわえられるようになっている

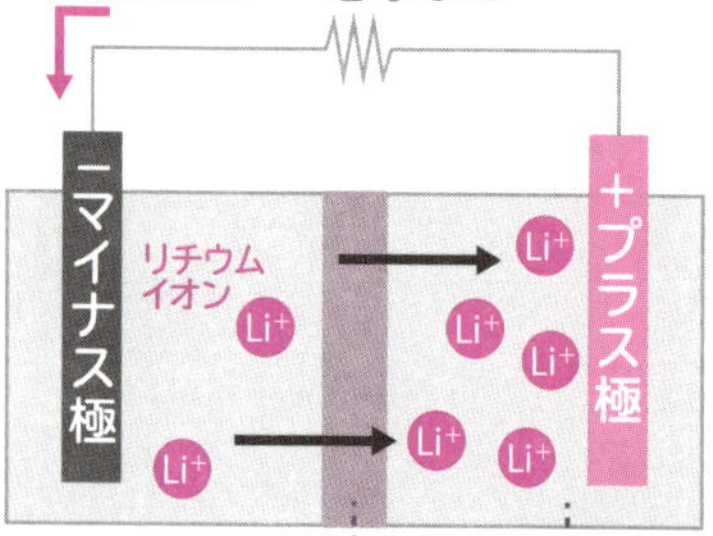

放電時《ほうでんじ》には、マイナス極《きょく》からプラス極《きょく》にリチウムイオンが移動《いどう》する

充電《じゅうでん》するとリチウムイオンが再発電《さいはつでん》の準備《じゅんび》をしてくれる

スマホやパソコンなど、持《も》ち歩くガジェットに必須《ひっす》の「電池」。電池がなければ、あらゆる電気を使《つか》う道具《どうぐ》は電源《でんげん》コードが必要《ひつよう》になり、持《も》ち運《はこ》びながら使《つか》うことはできません。

　電池は、2つの素材《そざい》（電極《でんきょく》）とイオン物質《ぶっしつ》の間の化学反応《かがくはんのう》から、電気エネルギーを取《と》り出すテクノロジーです。電池の中の素材《そざい》の化《か》

CHECK!

電子ってなに？ イオンってなに？ プラスとかマイナスってどういうこと？

物質《ぶっしつ》の中には、電子という目に見えない小さな粒《つぶ》があります。電子は、マイナスの電気を持《も》っていて、いつもマイナス極《きょく》からプラス極《きょく》に向かって移動《いどう》します。この動《うご》きが「電気」なんです。でもね、電子だけじゃ動《うご》きづらいんです。そこで、電池の中にいるイオンという粒《つぶ》が、電子というコンテナを運《はこ》ぶトラック代《か》わりになって、電池の中でプラスとマイナスの間を動《うご》き回《まわ》り、電子がスムーズにはたらけるように手伝《てつだ》ってくれるんです。

エネルギーを貯《た》めるとき（充電時《じゅうでんじ》）

リチウムイオンが電解液《でんかいえき》の中を通ってプラス極《きょく》とマイナス極《きょく》を移動《いどう》することで、**エネルギーを貯《た》めたり使《つか》ったりできる**

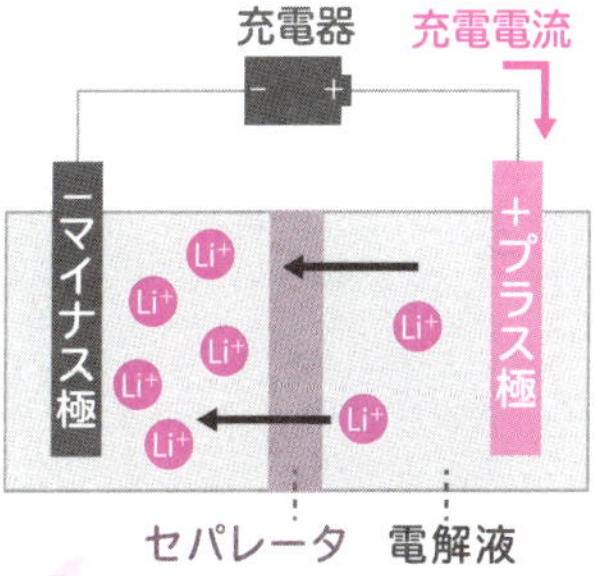

充電器《じゅうでんき》で電流《でんりゅう》を流《なが》すと、プラス極側《きょくがわ》にあるリチウムイオンが電解液《でんかいえき》を通って**マイナス極側《きょくがわ》に移動《いどう》し、充電《じゅうでん》される**

学反応《がくはんのう》が終《お》わったら、電気エネルギーが取《と》り出せない「電池切れ」状態《じょうたい》になります。

蓄電池《ちくでんち》（バッテリー）は、電《でん》極《きょく》に逆方向《ぎゃくほうこう》に電気を流《なが》すことで、化学反応《かがくはんのう》を逆転《ぎゃくてん》させ、繰《く》り返《かえ》し使《つか》えるようにした電池です。バッテリーの登場《とうじょう》で、エネルギー切れのたびに電池を交換《こうかん》する必要《ひつよう》がなくなり、電気を使《つか》うツールの使《つか》い勝《がっ》手《て》は飛躍的《ひやくてき》に向上《こうじょう》しました。

なかでも、リチウムを利用《りよう》したリチウムイオン電池は、小さなサイズでたくさんの電気をたくわえられるため、スマホ、ワイヤレスイヤホン、ゲーム機《き》、電気自動車《じどうしゃ》と、さまざまな電気で動《うご》くものに使《つか》われています。

フロッピー、DVD《ディーブイディー》、USB《ユーエスビー》メモリ、クラウドストレージまで記録媒体《きろくばいたい》の進化《しんか》がスゴい！

DVD／DVD-R

CD／CD-R

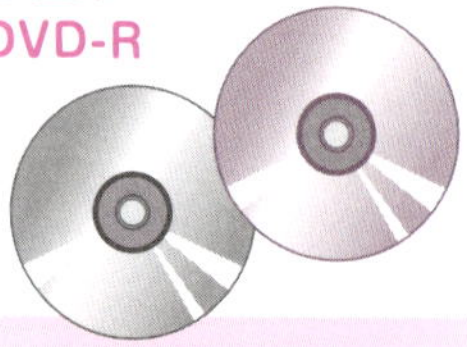

CDはおもに音楽用、DVDは映画《えいが》などの再生《さいせい》用として普及《ふきゅう》。

CD-R、DVD-Rは一度《いちど》だけ書き込《こ》みができる。保存容量《ほぞんようりょう》はCDが約《やく》0.7GB、DVDは4.7GB

フロッピーディスク（FD）

1980年代《ねんだい》、個人《こじん》用のワープロやパソコンとともに普及《ふきゅう》。保存容量《ほぞんようりょう》は1.44MB

HDD
SSD

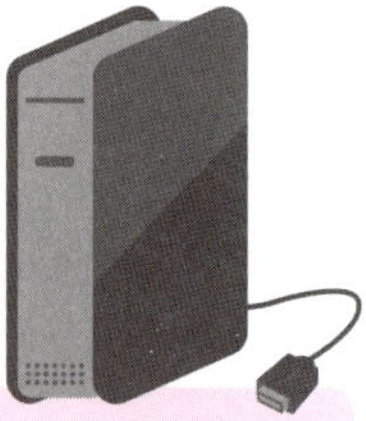

500GB〜24TBなど、大容量《だいようりょう》のデータを保存《ほぞん》できるのがHDDやSSD

USBメモリ

SDカード

SDカードはデジカメやゲーム機《き》など、USBメモリはおもにパソコンでデータの保存《ほぞん》に利用《りよう》できる。保存容量《ほぞんようりょう》は数GB〜数百GBまでいろいろ

コンピューターの進化《しんか》とともに記録媒体《きろくばいたい》も大容量化《だいようりょうか》！

みなさんはフロッピーディスクを見たことはありますか？ プラスチックの四角いカードの中に磁力《じりょく》で読み書きできる円盤《えんばん》が収《おさ》められていて、1・44MB《メガバイト》のデータを保存《ほぞん》できました。それが、いまではその千倍《ばい》のGB《ギガバイト》、さらにその千倍《ばい》のTB《テラバイト》のデータを保存《ほぞん》できる記録媒体《きろくばいたい》が登場《とうじょう》しています。

記録媒体《きろくばいたい》の歴史《れきし》は、コンピュー

CHECK!

音楽もいまや ストリーミングサービスが主流《しゅりゅう》に

レコード、カセット、CDと、音楽の記録媒体《きろくばいたい》も時代《じだい》とともに変化《へんか》してきました。最近《さいきん》は、音楽はネットから直接再生《ちょくせつさいせい》（ストリーミング）して、スマホで聞くのが当たり前になりましたよね。ひと昔《むかし》前は、お気に入りの曲《きょく》を集《あつ》めたオリジナルCDを（さらに昔《むかし》はカセットを）つくってプレゼント、なんてことが流行《はや》っていた時代《じだい》も！ お気に入りの曲《きょく》はプレイリストを作成《さくせい》してオンラインで共有《きょうゆう》するのが、いま流《りゅう》かもしれませんね。

データを自分のパソコンやスマホではなく、インターネット上のサーバーに保存《ほぞん》するのがクラウドストレージ。インターネットに接続《せつぞく》されていれば、どこからでもデータにアクセスできる

昔《むかし》は音楽CDをいっぱい持《も》ってたんだけどなぁ。いつの間にかクラウドが当たり前に……。でも最近《さいきん》は逆《ぎゃく》にレコードが流行《りゅうこう》してるし、記録媒体《きろくばいたい》も捨《す》てたもんじゃないよね！

アミトウ

ターの誕生《たんじょう》とともに始《はじ》まります。初期《しょき》の記録媒体《きろくばいたい》はパンチカードといい、なんと紙でできたものでした。次に登場《とうじょう》したのが磁気《じき》タイプのカード、そしてフロッピーディスクです。個人用《こじんよう》コンピューターの普及《ふきゅう》とともに広まりました。

以降《いこう》は、CD《シーディー》、DVD《ディーブイディー》、HDD《エイチディーディー》、USB《ユーエスビー》メモリなど、コンピューターの進化《しんか》にともない、記録媒体《きろくばいたい》も多様化《たようか》しどんどん大容量《だいようりょう》に！ 最《さい》近主流《きんしゅりゅう》のSSD《エスエスディー》は、より高速《こうそく》で大《たい》量《りょう》なデータを保存《ほぞん》できるようになっています。

いまどきデータの保存《ほぞん》はクラウドだよ！ という人が多いと思いますが、大切な思い出は、記録媒体《きろくばいたい》に入れて手元に置《お》くのも、いいですよ。

リチャードの Let's Explore!

デジタルデータは基本《きほん》「0」と「1」だけで表現《ひょうげん》されるってどういうこと？

文字も画像《がぞう》も音楽も「0」と「1」に変換《へんかん》できる

よく「デジタルは0と1」って聞きますけど、本当でしょうか？スマホのメッセージとか写真《しゃしん》も、ぜ〜んぶ、0と1でいけるの？

　全部《ぜんぶ》です。すべてやってます！動画《どうが》、お金、VR《ブイアール》、音楽だって。0と1は驚《おどろ》くほど多くを表現《ひょうげん》できるんです。その威力《いりょく》、指《ゆび》を使《つか》うとすぐにピンと来るはず。

　指《ゆび》で数字の0、1、2、3を見せるとき、3本の指《ゆび》を使《つか》いますよね。「見せたい数字＝上げている指《ゆび》の数」という具合《ぐあい》です。でもパッと見のわかりやすさを犠牲《ぎせい》にしてよければ、指《ゆび》の上げ方のパターンを工《く》夫《ふう》して、表《あらわ》せる数字を増《ふ》やせます。

　左ページの図のように、指《ゆび》2本なら4つの数字「0〜3」を、指《ゆび》3本なら8つの数字「0〜7」を表《あらわ》せるんです。おもしろいですね。

　こんなふうに、上げている本数ではなく、指《ゆび》の上げ方のパターンで数えると、表《あらわ》せる数字が倍々《ばいばい》に増《ふ》えていくんです。4本なら16個《こ》で、10本使えば1024個《こ》に！

　では、上がっている指《ゆび》を1に、下がっている指《ゆび》を0に置《お》き換《か》えてみましょう。5を表《あらわ》す指《ゆび》のパターンは上下上なので、101になります。ということは、「101＝5」といえますよね。こういった工夫《くふう》をすれば、いろんな数字を0と1で表《あらわ》せることがわかります。

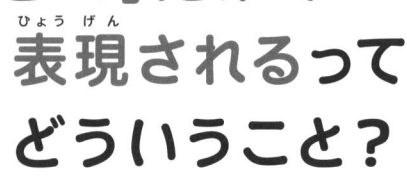

文字はどうやって0と1に置《お》き換《か》えるの？

統一《とういつ》コード表《ひょう》を使《つか》って
文字を数字に
置《お》き換《か》えて送信《そうしん》し、
受《う》け取《と》った側《がわ》は
再《ふたた》び文字に戻《もど》すことで
読めるようになる

Unicode（ひらがな）

コード	文字
3042	あ
3044	い
3046	う
3048	え
304A	お
304B	か
304D	き
304F	く
3051	け
3053	こ

……

Unicode《ユニコード》は国際的《こくさいてき》な
統一《とういつ》文字コード表《ひょう》

指《ゆび》で0と1を表《あらわ》してみる

指《ゆび》2本で数字を表《あらわ》すと

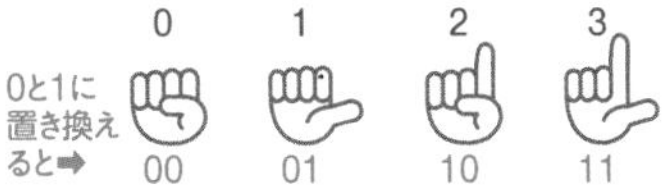

指《ゆび》3本で数字を表《あらわ》すと

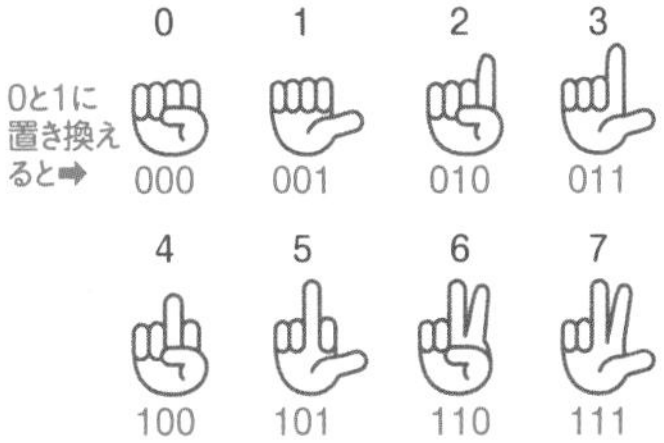

音声はどうやって0と1に置《お》き換《か》えるの？

標本化（サンプリング）

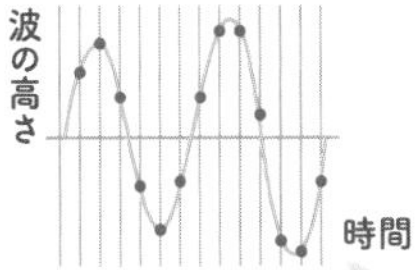

連続《れんぞく》する音声を一定の
時間間隔《かんかく》で区切《くぎ》り、
波《なみ》の高さを拾《ひろ》い出す

量子化

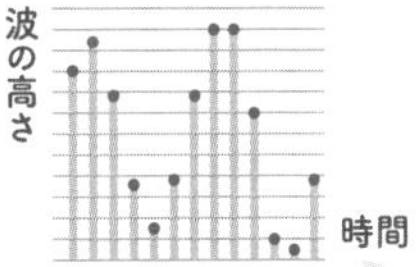

波《なみ》の高さを何段階《なんだんかい》で表現《ひょうげん》
するかを定《さだ》めて、標本化《ひょうほんか》した
データを当てはめる

符号化（コード化）

0100010
0011111
1110001
0100010
0011111
1110001

量子化《りょうしか》した
データを0と1に
置《お》き換《か》える

次は、簡単《かんたん》な暗号文《あんごうぶん》をイメージしてください。ひらがなを数字にするとしましょう。「あ→1」「い→2」……「お→5」という具合《ぐあい》です。文字が数字にできて、数字は0と1にできる。つまり、文字も0と1にできるわけです。

画像《がぞう》はどうでしょうか？ 明るさや色を数字で表《あらわ》せばいけます。動画《どうが》も同様《どうよう》。音楽は？ 音の波《なみ》の形状《けいじょう》を数値《すうち》で表《あらわ》せるのでいけます。VRは映像《えいぞう》と音楽《おんがく》の組み合わせだし、お金はもともと数字です。

このように、0と1のデジタルはいろいろ表《あらわ》せるんです。またデジタルにはコピペがラクにできたり、劣化《れっか》しにくいなどのメリットも。0と1、便利《べんり》でしょ？

メガネをかけると どうしてよく見えるの？

凹《おう》レンズと凸《とつ》レンズのしくみを知ろう

凹《おう》レンズは近視《きんし》の助《たす》けに 凸《とつ》レンズは遠視《えんし》の助《たす》けに

メガネのレンズには、光を曲《ま》げる力があります。この力のおかげで、私たちが物《もの》を見るときにピントを合わせるのを手伝ってくれるんです。さてこのレンズ、2つのタイプがあるって知《し》ってますか？

凹《おう》レンズは真《ま》ん中《なか》がへこんだ形のレンズで、光を広《ひろ》げるはたらきをします。もう1つは凸《とつ》レンズ。真《ま》ん中《なか》がふくらんだ形のレンズで、光を集《あつ》めるはたらきをします。

なんでこれらの2つのレンズがメガネで使《つか》われているのでしょうか。実《じつ》は、目の中には水晶体《すいしょうたい》というレンズのようなものがあって、これがピントを合わせる役割《やくわり》をしています。水晶体《すいしょうたい》は、見ているものまでの距離《きょり》に合わせて形を変《か》えます。たとえば、本を読むときは水晶体《すいしょうたい》が少し厚《あつ》くなってピントを合わせています。でも、水《すい》晶体《しょうたい》がうまく動《うご》かないと、ピントがずれて物《もの》がぼやけちゃう……。だから、凹《おう》レンズと凸《とつ》レンズがアシストしてくれるんです。

近視《きんし》の場合は、光が網膜《もうまく》よりも手前で像《ぞう》を結《むす》んでしまうため、凹《おう》レンズで光を広げて、遠くのものを見えやすくします。遠視《えんし》や老眼《ろうがん》の場合《ばあい》は、光が網膜《もうまく》よりも後ろで像《ぞう》を結《むす》んでしまうため、凸《とつ》レンズで光を集《あつ》めて、近くのものがよく見えるように調節《ちょうせつ》するんですね。

近視《きんし》の場合

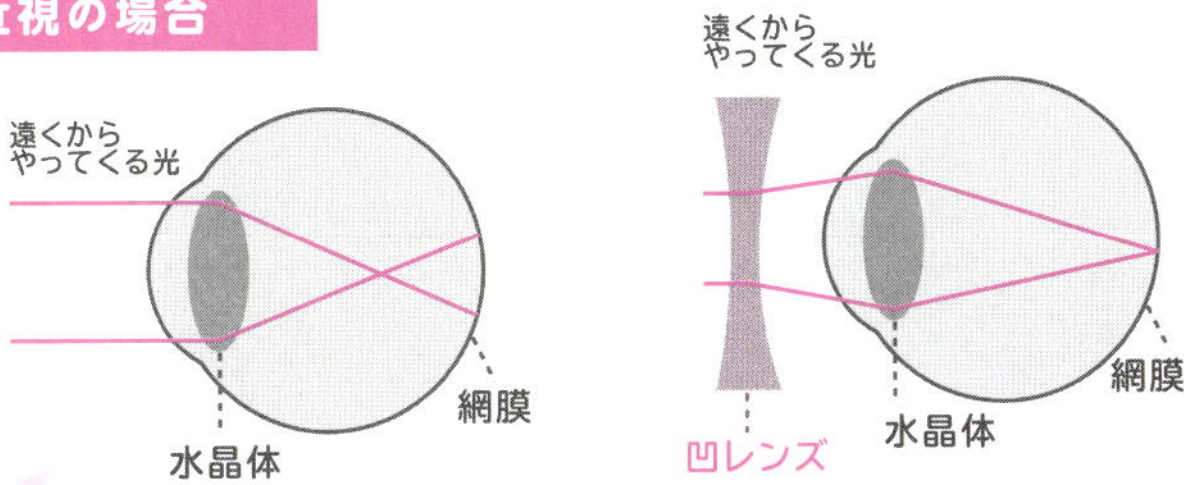

近視《きんし》の場合、光が網膜《もうまく》よりも手前で焦点《しょうてん》を結《むす》んでしまうため、凹《おう》レンズで光を広げて眼《め》に入れることで、焦点《しょうてん》が後ろに集《あつ》まるようにする

遠視《えんし》の場合

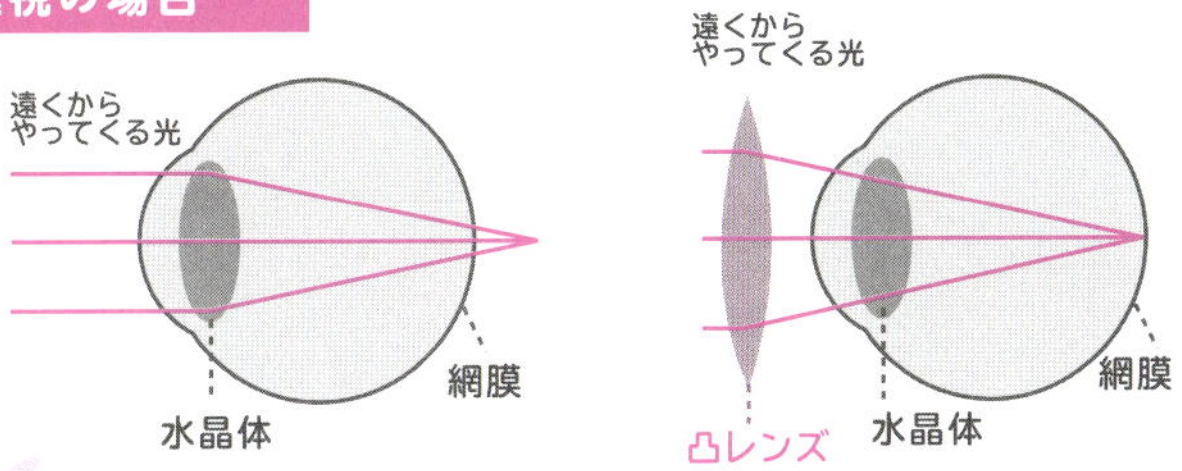

遠視《えんし》の場合、光が網膜《もうまく》よりも後ろで焦点《しょうてん》を結《むす》んでしまうため、凸《とつ》レンズで光を集《あつ》めて眼《め》に入れることで、焦点《しょうてん》が手前に集《あつ》まるようにする

CHECK!

メガネ、コンタクト、レーシックも視力補正《しりょくほせい》の原理は同じ

視力《しりょく》を補正《ほせい》する方法《ほうほう》はいろいろありますが、いずれも凹凸《おうとつ》レンズの性質《せいしつ》を使《つか》ったもので原理は一緒《いっしょ》。ただし、補正《ほせい》できる範囲《はんい》は異《こと》なります。レーシックは近視《きんし》と乱視《らんし》のみ対応可能《たいおうかのう》、コンタクトとICL（眼内《がんない》埋《う》め込《こ》みレンズ）は近視《きんし》・遠視《えんし》（老眼《ろうがん》）・乱視《らんし》のほか、遠近両用《えんきんりょうよう》でも使《つか》えます。メガネにはさらに、中近両用《ちゅうきんりょうよう》、近々両用《きんきんりょうよう》などさまざまな視力補正《しりょくほせい》のレンズがあります。

リチャードの Let's Explore!

心拍数《しんぱくすう》、血中酸素濃度《けっちゅうさんそのうど》、睡眠《すいみん》の質《しつ》……

そんなことまでわかるの？ スマートウォッチで健康管理《けんこうかんり》

からだの状態《じょうたい》を可視化《かしか》する テクノロジーが凝縮《ぎょうしゅく》

いま世界《せかい》でもっとも売れている時計といえばスマートウォッチ。腕《うで》につけるだけで、からだ全体《ぜんたい》のデータが取《と》れる便利《べんり》なガジェットです。そのために、小さなボディには画期的《かっきてき》なテクノロジーがギュッと詰《つ》め込《こ》まれています。

スマートウォッチを裏返《うらがえ》すと、いくつものセンサーが見えますよね。緑色《みどりいろ》に光って見えたら、それは「光学式心拍《こうがくしきしんぱく》センサー」のはず。血液《けつえき》が吸収《きゅうしゅう》しやすい光を出して、返《かえ》ってくる光の量《りょう》を見ることで、血管《けっかん》の収縮《しゅうしゅく》をとらえます。間《かん》接的《せってき》に心拍数《しんぱくすう》を測《はか》るしくみです。

赤く光るのは、緑《みどり》と似《に》たしくみで、血液《けつえき》にどのくらい酸素《さんそ》が含《ふく》まれているかを測《はか》っています。赤外線も使《つか》われるようですね。

他《ほか》にも、驚《おどろ》くほどたくさんのセンサーが搭載《とうさい》されています。動《うご》きを測《はか》れる加速度《かそくど》センサー、向《む》きがわかるジャイロセンサー、位置《いち》も速度《そくど》も割《わ》り出せるGPS《ジーピーエス》、音を拾《ひろ》うマイクもあります。表《おもて》に電極《でんきょく》があれば心電図（ECG《イーシージー》）も取《と》れちゃいますね。

でもスマートウォッチの本領《ほんりょう》はここから。計測《けいそく》データに加《くわ》えて、身長《しんちょう》・体重《たいじゅう》・年齢《ねんれい》・性別《せいべつ》といった入力データをかけ合わせて、人間の状態《じょうたい》をさらに導《みちび》き出します。

たとえば、「腕《うで》を振《ふ》る動《うご》き」＋

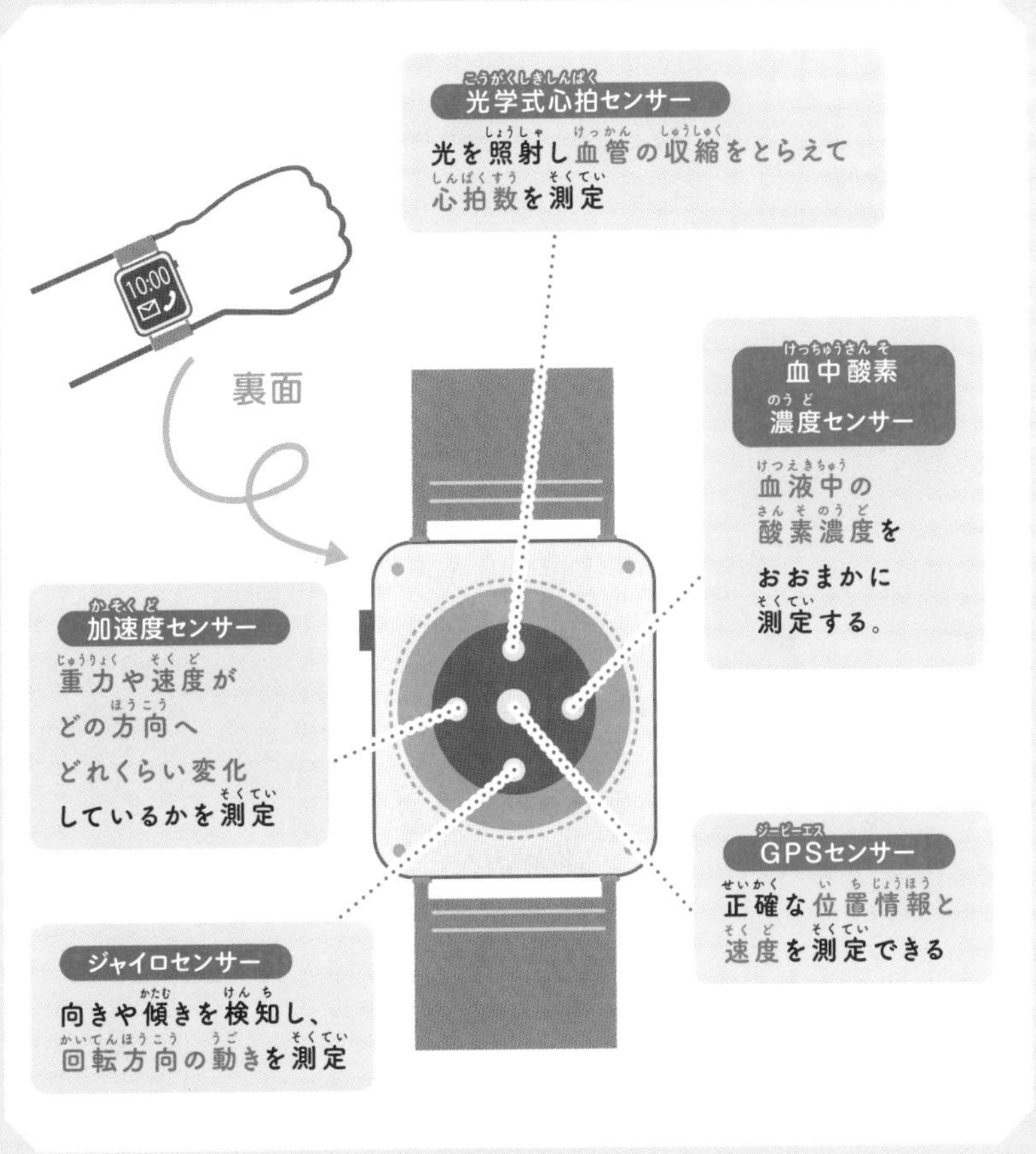

「位置《いち》が移動中《いどうちゅう》」というデータがあれば、「この人は走っている」ことがわかります。「動《うご》いていない」＋「心拍数《しんぱくすう》が低《ひく》い」なら睡眠《すいみん》中《ちゅう》ですね。でも、「血液中《けつえきちゅう》の酸素《さんそ》が少ない」というデータも加《くわ》わると、睡眠中《すいみんちゅう》の呼吸《こきゅう》に異常《いじょう》があることまで推定《すいてい》できます。 スマートウォッチかしこい！ でもテクノロジーは、さらに進化《しんか》していきます。最近《さいきん》だと、さらに小さいスマートリングが販売《はんばい》され、脳《のう》を読み取《と》るガジェットや、からだに埋《う》め込《こ》むセンサーも出てきています。

いずれは、脳用《のうよう》のガジェットでテレパシーが実現《じつげん》したり、からだに埋《う》め込《こ》むガジェットが、病気《びょうき》を予防《よぼう》してくれるかもしれませんね。

コロナ禍《か》でいっきに普及《ふきゅう》した非接触体温計《ひせっしょくたいおんけい》ってどうやって体温《たいおん》を測定《そくてい》してるの？

からだから放射《ほうしゃ》される赤外線をキャッチ！

体温計《たいおんけい》といえば、家でも病院《びょういん》でも、脇《わき》の下にはさんで測《はか》るのが一般的《いっぱんてき》でした。でも、新型《しんがた》コロナが流行《りゅうこう》した近年は、おでこや手首に機械《きかい》を向けてピピッと測《はか》れる、非接触体温計《ひせっしょくたいおんけい》をあちこちで見かけるようになりました。清潔《せいけつ》だし、ちょっとカッコいいし、家用に購入《こうにゅう》した人もいるかもしれませんね。

でも、いったいどうやって体温《たいおん》を測《はか》ってるんだろう？ 実《じつ》はからだから漏《も》れ出るオーラ！ ではなく、赤外線をキャッチして体温《たいおん》を測《はか》っているんです。

赤外線というと、ヒーターや調理《ちょうり》家電で使《つか》われているものや、たき火から出るもの、太陽《たいよう》が発《はっ》しているものと考えがちですが、実《じつ》は、動物《どうぶつ》も植物《しょくぶつ》も自転車《じてんしゃ》も建物《たてもの》も、物質《ぶっしつ》はみんな赤外線を発《はっ》しています。もちろん、人間《にんげん》も赤外線を放射《ほうしゃ》しているんですよ。

非接触体温計《ひせっしょくたいおんけい》は内部《ないぶ》にあるセンサーで、放射《ほうしゃ》される赤外線の量《りょう》を測《はか》り、その量《りょう》によって体温《たいおん》がわかるしくみ。だからおでこに向けてボタンを押《お》すだけでＯＫ。

なお、料理用《りょうりよう》や工業用《こうぎょうよう》の非接触《ひせっしょく》温度計《おんどけい》には、氷点下《ひょうてんか》から１０００℃まで測《はか》れるものもあります。え？ 気がつきましたか？ そうなんです。冷《つめ》たいものでも少量《しょうりょう》ながら赤外線を発《はっ》しているんですよ。

非接触体温計《ひせっしょくたいおんけい》は、からだから放射《ほうしゃ》される赤外線をキャッチして、体温《たいおん》を計算する

どんな物質《ぶっしつ》も赤外線を放射《ほうしゃ》しているから、触《さわ》れないほど熱《あつ》いものや冷《つめ》たいものも、触《さわ》らずに温度《おんど》を測定《そくてい》できる

CHECK!

一時期《いちじき》よく見かけたサーモグラフィも同じしくみ？

コロナ禍《か》のころ、ショッピングセンターやモールの入り口に自分の顔《かお》を映《うつ》し出して体温《たいおん》を測《はか》ってくれる機械《きかい》がありましたよね。映画《えいが》やテレビでもときどき見かけるあの機械《きかい》は、赤外線の量《りょう》を可視化《かしか》するサーモグラフィというもの。点で測《はか》る体温計《たいおんけい》より検出範囲《けんしゅつはんい》が広いから、上半身《じょうはんしん》とか、からだ全体の体温《たいおん》を測《はか》るときにピッタリなんです。

雪の日に 滑《すべ》りやすい靴底《くつぞこ》と 滑《すべ》りにくい靴底《くつぞこ》って なにが違《ちが》うの？

摩擦力《まさつりょく》を維持《いじ》するための工夫《くふう》がされている

雪がたくさん降《ふ》った翌朝《よくあさ》。いつもの靴《くつ》で出かけるとツルツル滑《すべ》ってしまって危《あぶ》ない！ そんな体験《たいけん》をしたことはありませんか？

わたしたちが普段《ふだん》はいている靴《くつ》は、舗装《ほそう》された、そして乾燥《かんそう》した道の上を歩《ある》くためにつくられたものがほとんど。だから雪が積《つ》もっている道や、凍結《とうけつ》した道とは、相《あい》性《しょう》がとっても悪《わる》いんです。でも、いったいどうしてツルーンと滑《すべ》っちゃうんでしょうか？

これは、雪や氷《こおり》を踏《ふ》んづけると、薄《うす》い水の膜《まく》が靴底《くつぞこ》に張《は》り付《つ》いて、靴《くつ》と道路《どうろ》との摩擦《まさつ》が少なくなるからなんです。だから雪が多い地方で売られている雪道用の靴《くつ》は、靴《くつ》底《ぞこ》にいろんな工夫《くふう》がされています。よく見かけるのは、溝《みぞ》が深《ふか》くて大きいものですね。溝《みぞ》が水の膜《まく》の水分を横《よこ》に逃《に》がし、地面《じめん》をけったときにかき出すことで、グリップ力を維持《いじ》してくれます。

靴底《くつぞこ》がやわらかいというのもポイントです。雪道や凍結路《とうけつろ》って、平《たい》らに見えても、実《じつ》はデコボコしているんです。だから、いくら靴《くつ》底《ぞこ》の溝《みぞ》が深《ふか》く大きくても靴底《くつぞこ》がかたいと、道路《どうろ》との接触面《せっしょくめん》が小さくなり、滑《すべ》りやすくなってしまいます。なので、ハイキング用の靴《くつ》みたいな、靴底《くつぞこ》のやわらかさも必《ひつ》要《よう》なんですね。

雪道や凍結路《とうけつろ》が滑《すべ》りやすい原因《げんいん》は、踏《ふ》んづけると、氷《こおり》が解《と》けてできた水の膜《まく》が、靴底《くつぞこ》に張《は》り付《つ》いて道路《どうろ》との摩擦《まさつ》が少なくなるから

やわらかいゴム製で、深《ふか》い溝《みぞ》がある靴底《くつぞこ》は、路面《ろめん》をしっかりとらえて滑《すべ》りにくい

CHECK!

雪道で滑《すべ》りにくいスタッドレスタイヤも同じしくみ

雪道や凍結路《とうけつろ》で滑《すべ》りにくいものの代表《だいひょう》といえば、自動車用《じどうしゃよう》のスタッドレスタイヤです。実《じつ》は、雪道用の靴《くつ》の靴底《くつぞこ》とスタッドレスタイヤって、よく似《に》ているんです。どちらも、深《ふか》い溝《みぞ》とやわらかいゴムでできていて、薄《うす》い水の膜《まく》を横《よこ》に逃《に》してかき出す構造《こうぞう》。製品《せいひん》としての形は違《ちが》っても、同じような技術《ぎじゅつ》や考え方で開発《かいはつ》されているんですね！

水を通さないのに蒸《む》れない！
防水透湿素材《ぼうすいとうしつそざい》
ゴアテックスってなにがスゴいの？

汗《あせ》の蒸《む》れだけ通してくれる理想的《りそうてき》な高機能素材《こうきのうそざい》

アウトドアショップや靴屋さんなどで、「ＧＯＲＥ－ＴＥＸ（ゴアテックス）」というロゴが入ったアイテムを見かけたことはありませんか？ レインウェアやアウトドアシューズなど、さまざまなアイテムに使用《しよう》されている素材《そざい》です。

スゴいんですよ、この素材《そざい》。だって水や風は通さないのに、汗《あせ》が蒸発《じょうはつ》してできた蒸《む》れは通すんです。防水《ぼうすい》・防風力《ぼうふうりょく》が極《きわ》めて高いのに、透湿性《とうしつせい》が高い。雨が降《ふ》っているときにぬれたくはないけど、服《ふく》の中がムレムレになるのはイヤだ！ という相反《あいはん》する願《ねが》いを叶《かな》えてくれる、まさに金メダル級《きゅう》の素《そ》材《ざい》といっていいでしょう。

フッ素樹脂《そじゅし》でつくられたゴアテックスの素材《そざい》「ゴアテックス メンブレン」を顕微鏡《けんびきょう》で見てみると、細《こま》かい穴《あな》がたくさん開《あ》いています。この穴《あな》より小さな水蒸気《すいじょうき》の粒《つぶ》は、通《とお》してくれるけど、雨粒《あまつぶ》のような大きな水滴《すいてき》はガードしちゃう。風もゴアテックスの細《こま》かい穴《あな》を通れないから、すき間風からくる寒《さむ》さを感《かん》じずにすみます。

なお、ゴアテックスの機能《きのう》をキープするためにはメンテナンスも必要《ひつよう》です。泥《どろ》や皮脂《ひし》などの汚《よご》れが付着《ふちゃく》していると、蒸《む》れを防《ふせ》ぐ透湿《とうしつ》性《せい》が損《そこ》なわれてしまうので、使用《しよう》後《ご》はきちんとお洗濯《せんたく》を。

ゴアテックスの構造《こうぞう》

ゴアテックスは、アメリカのWLゴア＆アソシエイツ社が製造《せいぞう》する**防水性《ぼうすいせい》と透湿性《とうしつせい》を兼《か》ね備《そな》えた**高機能素材《こうきのうそざい》。ゴアテックス メンブレンという薄《うす》い膜《まく》に**表地《おもてじ》や裏地《うらじ》を貼《は》り合わせた構造《こうぞう》**になっている

ゴアテックスが「水を通さないのに蒸《む》れない」のは、**微細《びさい》な穴《あな》が無数《むすう》にあるゴアテックス メンブレンのおかげ**

ゴアテックス メンブレンの穴《あな》は、水滴《すいてき》を通さないほど小さいが、**水蒸気《すいじょうき》の分子よりは大きいので汗《あせ》の湿気《しっけ》を逃《に》がせる**

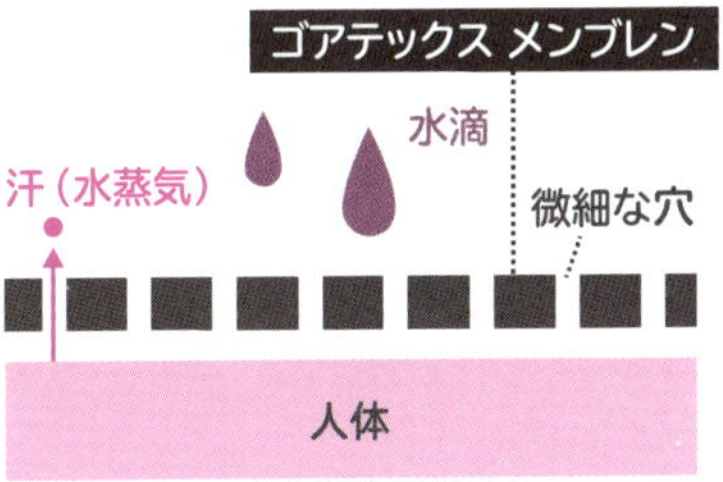

コロナ禍《か》に大活躍《だいかつやく》した消毒用《しょうどくよう》アルコールがウイルスや菌《きん》をやっつけるしくみって？

アルコールがウイルスの構造を破壊《はかい》する

コロナ禍《か》でいっきに広まった除《じょ》菌《きん》という習慣《しゅうかん》。家に帰ったら手洗《てあら》い＆うがい、お店に入るときも、手をジェルや液体《えきたい》で消毒《しょうどく》することが一般化《いっぱんか》しましたよね。おかげで、日本だと冬場に流行《りゅうこう》するインフルエンザにかかる人が、減《へ》ったともいわれています。

このジェルや液体《えきたい》の主成分《しゅせいぶん》は消《しょう》毒用《どくよう》エタノール。そう、アルコールの一種《いっしゅ》です。ケガをしたときにお酒《さけ》を吹《ふ》き付けて消毒《しょうどく》するようすを、映画《えいが》などで見たことのある人もいるかもしれませんが、お酒《さけ》もエタノールを含《ふく》んでいます。でも実際《じっさい》には、よほど強いお酒《さけ》でないと殺《さっ》菌効果《きんこうか》は期待《きたい》できません……。

ところで、どうしてアルコールがウイルスの除菌《じょきん》に有効《ゆうこう》なのでしょうか？　それは、アルコールがウイルスの構造《こうぞう》を破壊《はかい》するから。ウイルスは、表面《ひょうめん》をエンベロープと呼《よ》ばれる脂肪《しぼう》の膜《まく》でおおわれています。この膜《まく》にアルコールが触《ふ》れると、膜《まく》は破壊《はかい》されてしまうのです。するとウイルスの元気がなくなって、感染力《かんせんりょく》が失《うしな》われちゃう。さらに、アルコールはウイルスの内部構造《ないぶこうぞう》も壊《こわ》してしまいます。

これはもうウイルスの天敵《てんてき》ですね！　なお、ウイルス除菌《じょきん》に最《もっと》も効果《こうか》があるアルコールの濃度《のうど》は、70～80％だといわれています。

ウイルスは脂質《ししつ》でできた膜《まく》（エンベロープ）でおおわれている

アルコールは、エンベロープのあるウイルス（コロナウイルス、インフルエンザウイルスなど）には効果《こうか》があるが、エンベロープを持《も》たないウイルス（ノロウイルスなど）は破壊《はかい》できない

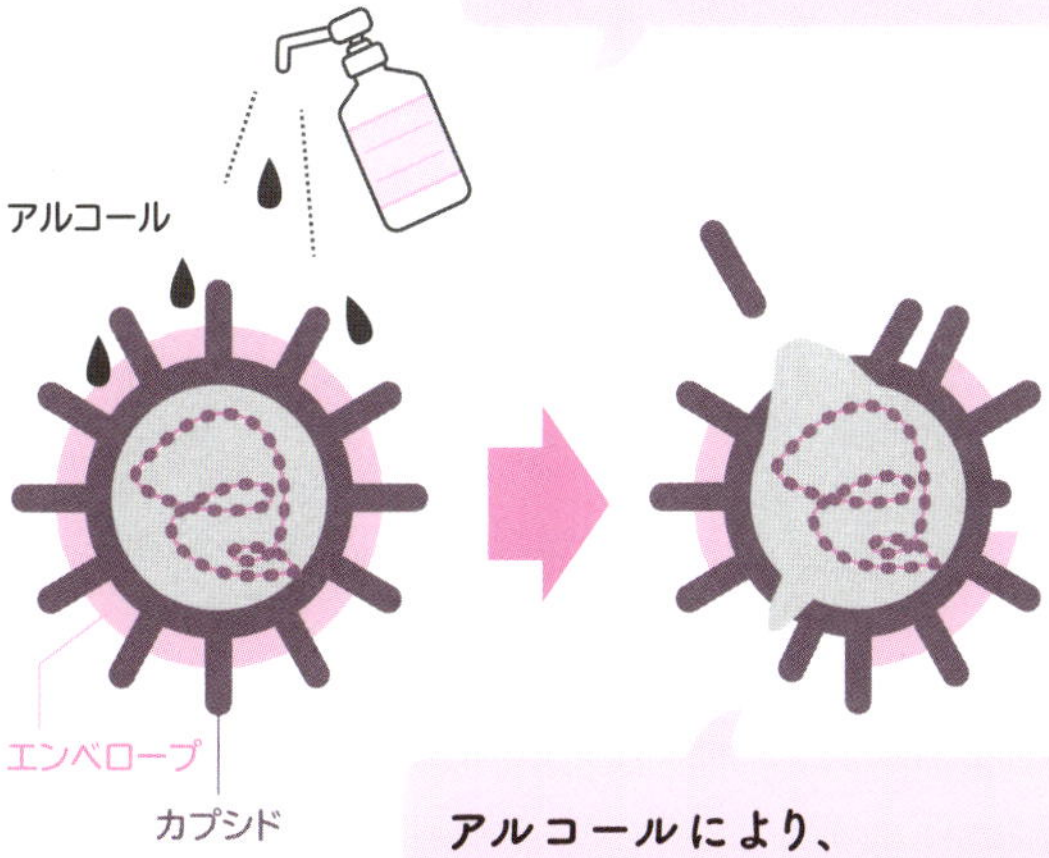

アルコールにより、ウイルスの膜《まく》（エンベロープ）が破壊《はかい》され、ウイルスが不活性化《ふかっせいか》する

CHECK!

アルコールで倒《たお》せないウイルスもいる！

ウイルスをやっつけてくれるアルコールですが、実《じつ》は、効果《こうか》があるのはコロナウイルスやインフルエンザウイルス、風疹《ふうしん》ウイルスなどエンベロープを持《も》つものだけ。ノロウイルスなどは、エンベロープを持《も》たず、アルコールへのガードが強いため、普通《ふつう》のアルコールでは戦《たたか》えません。リン酸《さん》などを含《ふく》んだアルコールや、次亜塩素酸《じあえんそさん》ナトリウムなどの塩素系《えんそけい》除菌剤《じょきんざい》が有効《ゆうこう》といわれています。

ガジェットをおしゃれに見せるのも
ギズモードの仕《し》事《ごと》
ヤタガイはお気に入りのヘッドホンで
DJに挑《ちょう》戦《せん》したらしい……

毎日利《り》用《よう》しているけど実《じつ》はよく知らない

街《まち》で見かける

これってどうなってるの？

いまや電気なしには生活できない
電気で道具《どうぐ》が動《うご》くのはどうして？

電気で光が発生《はっせい》するくしくみ

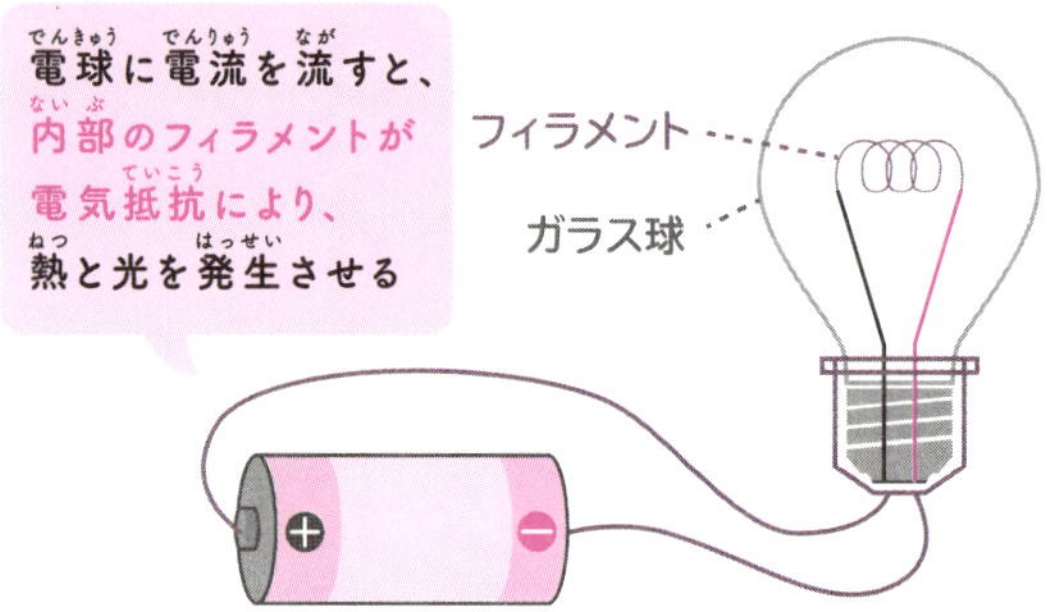

電気で熱《ねつ》が発生《はっせい》するくしくみ

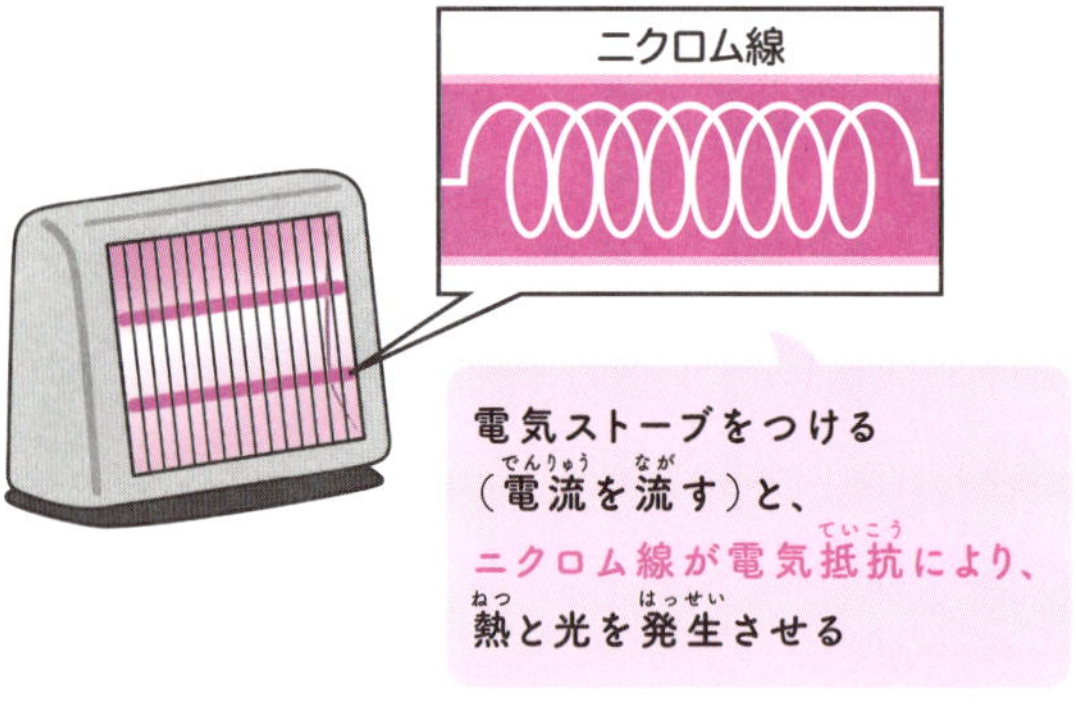

光も熱《ねつ》も動力《どうりょく》も！電気はエネルギーの「共通通貨《きょうつうつうか》」

スイッチを押《お》せば照明《しょうめい》がついたり、ドライヤーで髪《かみ》を乾《かわ》かせたり、ポットでお湯《ゆ》を沸《わ》かせるのも、電気があってこそ！ でも、電気から光も風も熱《ねつ》もつくり出せるって、よく考えたらスゴいですよね。電気って、いったい何《なに》ものなの？

電気の説明《せつめい》には、電子の話が不《ふ》可欠《かけつ》。すべての物質《ぶっしつ》にはプラスの性質《せいしつ》をもった原子核《げんしかく》があり、その

電気でものが動《うご》くしくみ

コイルに電流《でんりゅう》を流《なが》すと、導線《どうせん》に磁力《じりょく》（磁界《じかい》）が発生《はっせい》し、それが集《あつ》まって、強い電磁石《でんじしゃく》になる

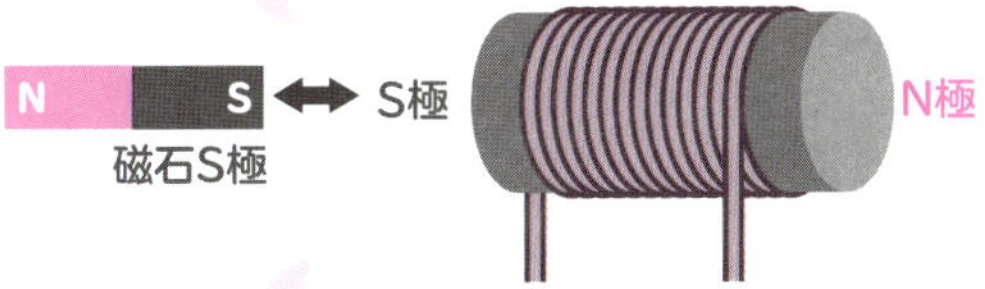

周囲《しゅうい》に磁石《じしゃく》を置《お》いておけば、磁石《じしゃく》と電磁石《でんじしゃく》とが、反発《はんぱつ》したり引き合ったりすることで、物体《ぶったい》を動《うご》かすことができる

磁界《じかい》のなかで電流《でんりゅう》を流《なが》すと…

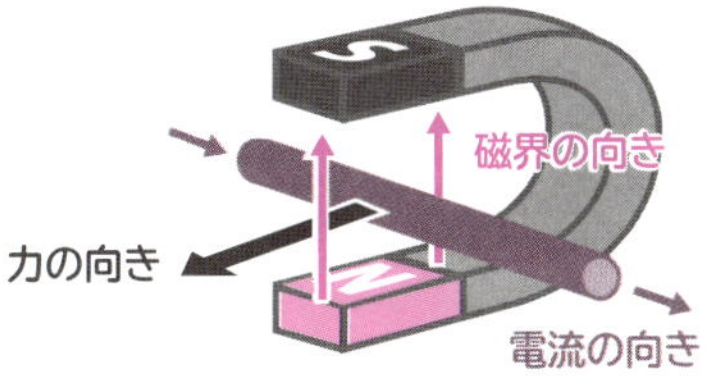

磁石《じしゃく》のN極《きょく》とS極《きょく》の間のように、磁力《じりょく》が生じている場所《ばしょ》（磁界《じかい》）で電流《でんりゅう》を流《なが》すと、もとの磁界《じかい》と電流《でんりゅう》によって生じた磁力《じりょく》が作用して、ものを動《うご》かす力が発生《はっせい》する

まわりにマイナスの性質《せいしつ》をもった電子が存在《そんざい》しますが、超簡単《ちょうかんたん》に説《せつ》明《めい》すると、電気とは、このプラスとマイナスが引き合う力のこと。

通常《つうじょう》は＋と－のバランスが安定《あんてい》していますが、より強い＋の性質《せいしつ》をもつ他《ほか》の物質《ぶっしつ》に電子が引き寄《よ》せられることがあります。この電子の移動《いどう》が「電流《でんりゅう》」であり、移動過程《いどうかてい》で「光」や「熱《ねつ》」などのエネルギーが生まれます。また、電流《でんりゅう》が流《なが》れる場所《ばしょ》には磁力《じりょく》が発生《はっせい》し、磁石《じしゃく》のように引き合ったり反発《はんぱつ》しあう「動力《どうりょく》」エネルギーも生まれます。

　わたしたちの生活になくてはならない電気。一度《いちど》ブレーカーを落《お》として生活してみると、いかに電気が大切かがわかりますよ！

リチャードの Let's Explore!

毎日当たり前のように使《つか》っている電気だけど

電気のエネルギーは どこから 生まれてきたの？

エネルギー源《げん》をさかのぼると 太陽《たいよう》と大昔《おおむかし》の星に行きつく

人類《じんるい》のエネルギー源《げん》は2種類《しゅるい》しかない。と、いい切ってしまうといろいろ語弊《ごへい》がありますが、そんなにウソではないかもしれません。

なにせ、エネルギー源《げん》を強引にチーム分けしていくと、その多くが太陽《たいよう》チームか、昔《むかし》の星チームのいずれかに収《おさ》まるからです。

では、発電《はつでん》に使《つか》うエネルギー源《げん》をチーム分けしてみましょう。まだまだお世話《せわ》になりそうな石油《せきゆ》、天然《てんねん》ガス、石炭《せきたん》といった化石燃《かせきねん》料《りょう》は、もとをたどると「昔《むかし》の太《た》陽《よう》」に行きつきます。というのも、昔《むかし》の生物《せいぶつ》が太陽光《たいようこう》で育《そだ》って、死《し》んで、地中で変化《へんか》したものだからです。発電《はつでん》するには、これらを燃《も》やして水蒸気《すいじょうき》を発生《はっせい》させ、圧力《あつりょく》でタービンと発電機《はつでんき》を回します。

続《つづ》いて、再生可能《さいせいかのう》エネルギーと呼《よ》ばれるソーラー、風力、水力ですが、これらも太陽光《たいようこう》のおかげなんですよね。風は太陽光《たいようこう》が地面《じめん》を温《あたた》めるから吹《ふ》きますし、ダムの水は太陽光《たいようこう》が海の水を蒸発《じょうはつ》させて、雨として降《ふ》るからたまります。

ここまでは全部《ぜんぶ》太陽光《たいようこう》ですね。昔《むかし》の太陽光《たいようこう》が凝縮《ぎょうしゅく》された物《もの》を燃《も》やすか、いまの太陽光《たいようこう》のエネルギーをなんらかの形でキャッチするか。

違《ちが》ってくるのはここからです。原子力発電《はつでん》の原子炉《げんしろ》は、ウランなどの重元素《じゅうげんそ》が核分裂《かくぶんれつ》する際《さい》に出す

エネルギーをキャッチするものなんですが、その重元素《じゅうげんそ》にエネルギーを込《こ》めた現象《げんしょう》があります。それは、星々の「爆発《ばくはつ》」です。星は衝《しょう》突《とつ》や燃料《ねんりょう》切れで爆発《ばくはつ》することがあって、そのときのエネルギーが重元素《じゅうげんそ》にやどるんです。

地熱《ちねつ》の熱《ねつ》も半分ほどは重元素《じゅうげんそ》が由来《ゆらい》とされているので、原子炉《げんしろ》と地熱発電《ちねつはつでん》は、大昔《おおむかし》の星の大爆発《だいばくはつ》のおかげですね。

なのでチームとしては「太陽《たいよう》」か「星の爆発《ばくはつ》」の2つ。でも例外《れいがい》もあって、大きなものとしては人工核融合《かくゆうごう》と潮汐《ちょうせき》（潮《しお》の満《み》ち引き）があります。前者《ぜんしゃ》は未来《みらい》の技術《ぎじゅつ》。後《こう》者《しゃ》は宇宙《うちゅう》が誕生《たんじょう》したときに生まれた、位置《いち》エネルギーが源《みなもと》ですね。

ガソリン車、電気自動車《じどうしゃ》、ハイブリッド車
いまさら聞けない違《ちが》いが知りたい

ガソリン車

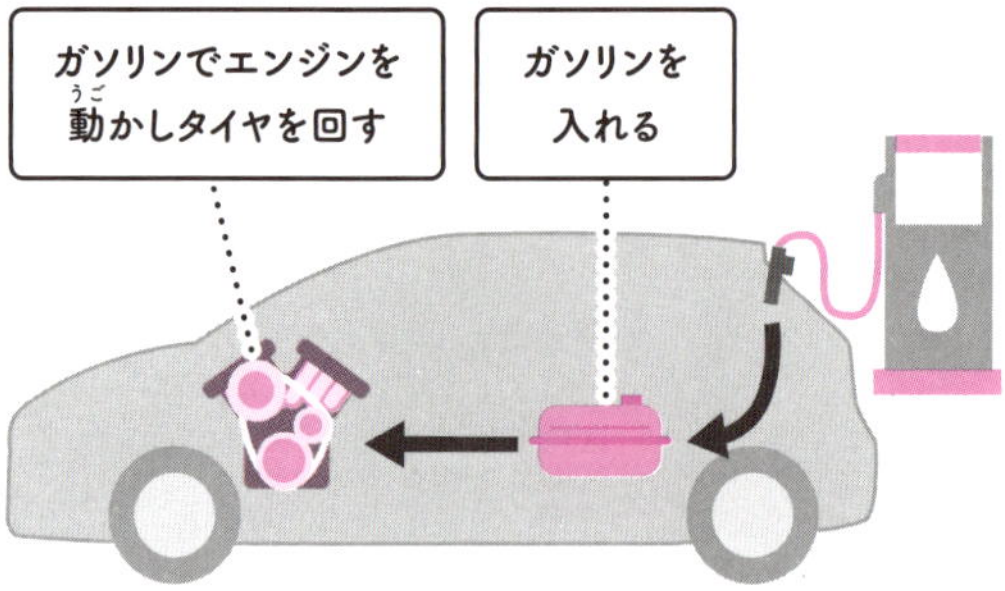
ガソリンでエンジンを動《うご》かしタイヤを回す
ガソリンを入れる

電気自動車《じどうしゃ》（EV《イーブイ》）

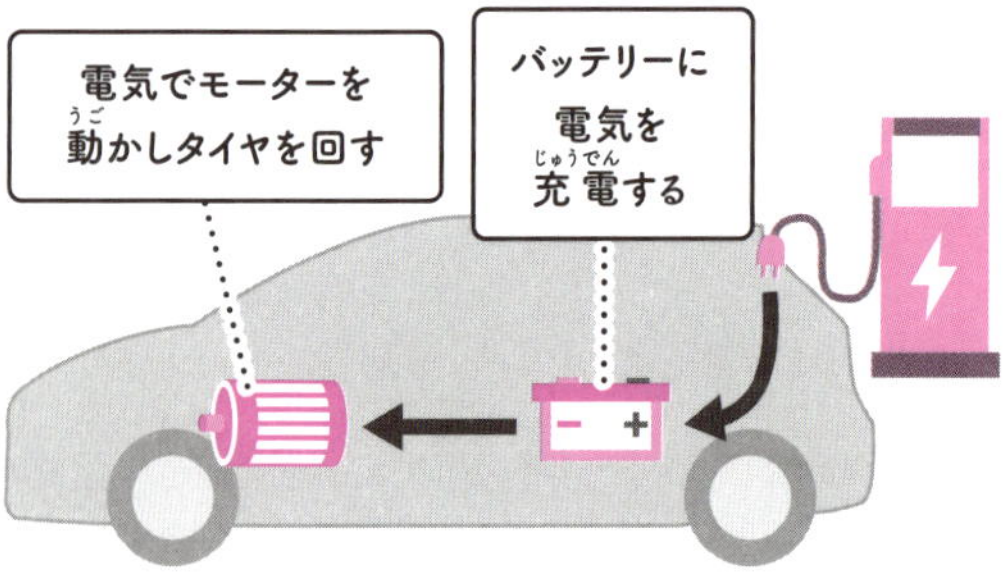
電気でモーターを動《うご》かしタイヤを回す
バッテリーに電気を充電《じゅうでん》する

ガソリンと電気、燃料《ねんりょう》は違《ちが》うけど動《うご》くしくみは同じ

環境《かんきょう》にやさしい車として注目《ちゅうもく》される電気自動車《じどうしゃ》。二酸化炭素《にさんかたんそ》や排《はい》気ガス、燃費《ねんぴ》などの規制《きせい》を背景《はいけい》に開発《かいはつ》が進《すす》んでいます。でも、そもそもガソリン車やハイブリッド車と、なにが違《ちが》うの？

ガソリン車と電気自動車《じどうしゃ》との最《さい》大《だい》の違《ちが》いは、もちろん、ガソリンと電気という燃料《ねんりょう》の差《さ》。ガソリン車は、エンジン内でガソリンと空

ハイブリッド車（HV《エイチブイ》）

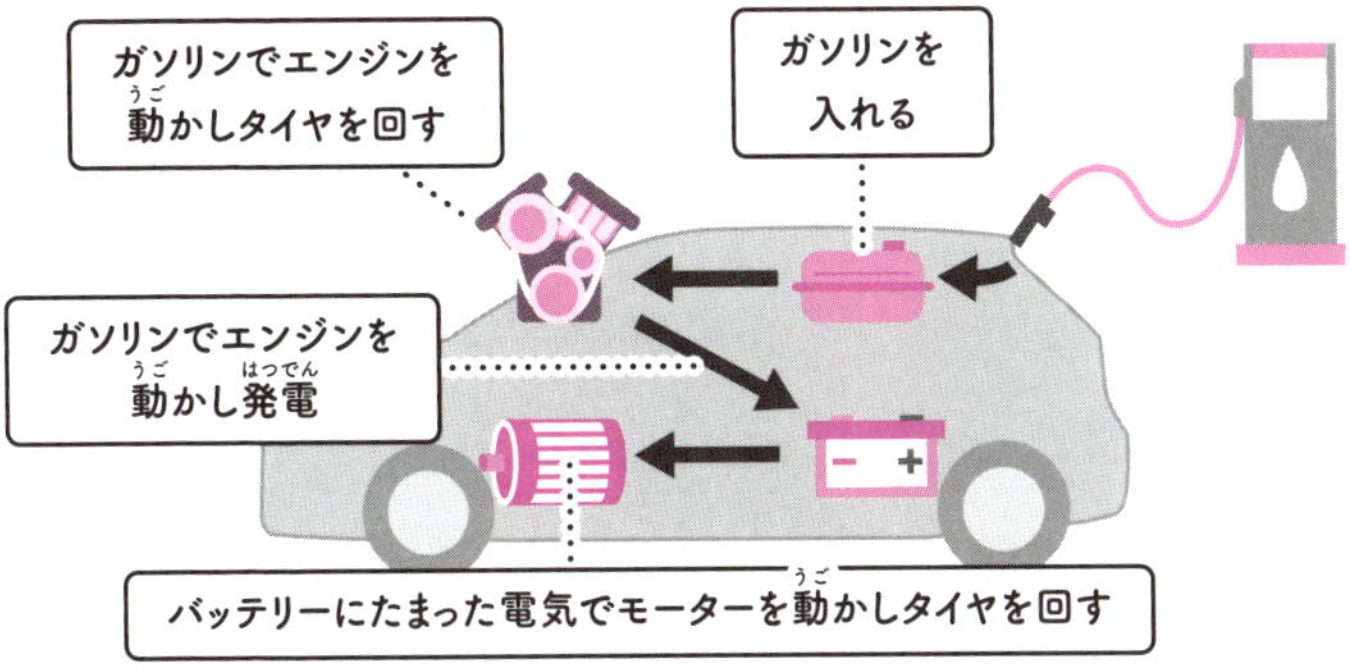
ガソリンでエンジンを動《うご》かしタイヤを回す
ガソリンを入れる
ガソリンでエンジンを動《うご》かし発電《はつでん》
バッテリーにたまった電気でモーターを動《うご》かしタイヤを回す

プラグインハイブリッド車（PHEV《ピーエイチイーブイ》）

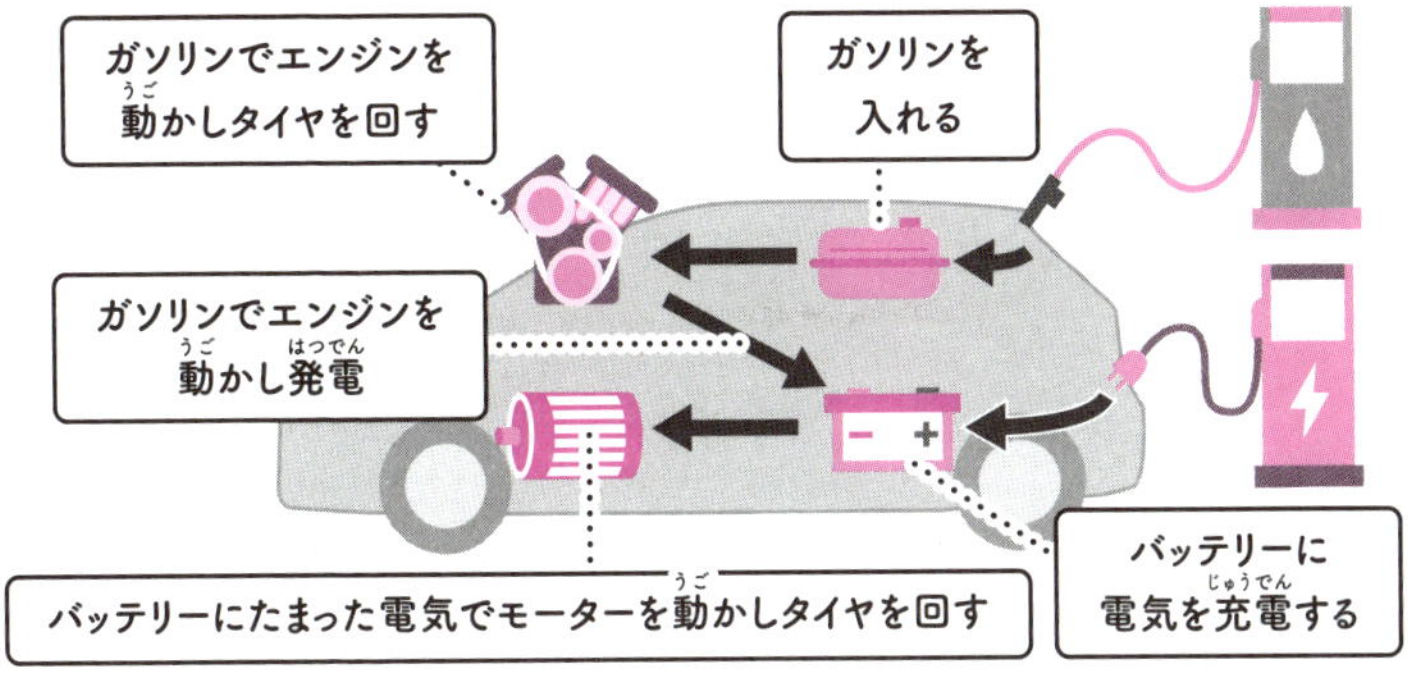
ガソリンでエンジンを動《うご》かしタイヤを回す
ガソリンを入れる
ガソリンでエンジンを動《うご》かし発電《はつでん》
バッテリーにたまった電気でモーターを動《うご》かしタイヤを回す
バッテリーに電気を充電《じゅうでん》する

気を混《ま》ぜ、燃焼《ねんしょう》させることで、タイヤを回す力を得《え》ています。ガソリンを燃焼《ねんしょう》するので、排気《はいき》ガスが発生《はっせい》します。

それに対《たい》して電気自動車《じどうしゃ》は、外部《がいぶ》電源《でんげん》からバッテリーに充電《じゅうでん》し、モーターを動《うご》かして走行するしくみ。燃料《ねんりょう》を燃《も》やさないので、排気《はいき》ガスは発生《はっせい》しません！

ハイブリッド車は、エンジンとモーターの両方《りょうほう》を搭載《とうさい》。エンジンとモーターの力を合わせてタイヤを回すことで、燃料《ねんりょう》を節約《せつやく》するしくみです。充電《じゅうでん》できる大きなバッテリーと強力なモーターを載《の》せて、エンジンを切ってもEVのように走れる、プラグインハイブリッド車もあります。

実証実験《じっしょうじっけん》が行われているけど

車の自動運転《じどううんてん》ってどうして無人《むじん》で走れるの？

自動車《じどうしゃ》の全身《ぜんしん》についたセンサーが周囲《しゅうい》を見張《みは》る

ドライバーというジョブがチェンジする未来《みらい》がそろそろやってきます。そう、自動運転時代《じどううんてんじだい》の到来《とうらい》です！ 車が勝手《かって》に走り出す状況《じょうきょう》が実現《じつげん》するのはもうちょっと先のことですが、日々《ひび》進化《しんか》を続《つづ》けているこの技術《ぎじゅつ》を見てみましょう。

自動運転《じどううんてん》に必要《ひつよう》なのは、車両《しゃりょう》の周囲《しゅうい》や道路《どうろ》の状態《じょうたい》を「認知《にんち》」して、状況《じょうきょう》に応《おう》じた「判断《はんだん》」を行い、車《しゃ》両《りょう》を動《うご》かす技術《ぎじゅつ》です。これって、いままでは人間《にんげん》がやってきた仕事《しごと》でした。

認知《にんち》は、道路標識《どうろひょうしき》などをチェックするカメラ、周囲《しゅうい》の車両《しゃりょう》や歩《ほ》行者《こうしゃ》との距離《きょり》を測《はか》るセンサーやレーダー、見えない場所《ばしょ》にいる子どもや動物《どうぶつ》を見てくれる超音波《ちょうおんぱ》センサーなど、車両全体《しゃりょうぜんたい》に組み込《こ》まれたセンサーが行います。

これらのセンサーから得《え》た情報《じょうほう》は、車内のAI《エーアイ》が解析《かいせき》し、そのまま走行《そうこう》するのか、交差点《こうさてん》を曲《ま》がるのか、危険《きけん》を察知《さっち》して急停止《きゅうていし》するのか、といった判断《はんだん》が下され、自《じ》動車《どうしゃ》の動《うご》きを制御《せいぎょ》します。

さらに、道路《どうろ》の情報《じょうほう》を極《きわ》めて正《せい》確《かく》に記録《きろく》した「高精度《こうせいど》3次元地図《じげんちず》データ（ダイナミックマップ）」をGPS《ジーピーエス》と連動《れんどう》して使用《しよう》。渋滞《じゅうたい》情報《じょうほう》や気象情報《きしょうじょうほう》もリアルタイムに把握《はあく》が可能《かのう》で、AI《エーアイ》による判断《はんだん》ができるんですね。

車に搭載《とうさい》されたカメラやセンサー、GPS《ジーピーエス》により周囲《しゅうい》の状況《じょうきょう》を認知《にんち》し、AI《エーアイ》が車がどのように動《うご》くべきか判断《はんだん》して、ハンドルやアクセルを制御《せいぎょ》して自動運転《じどううんてん》する

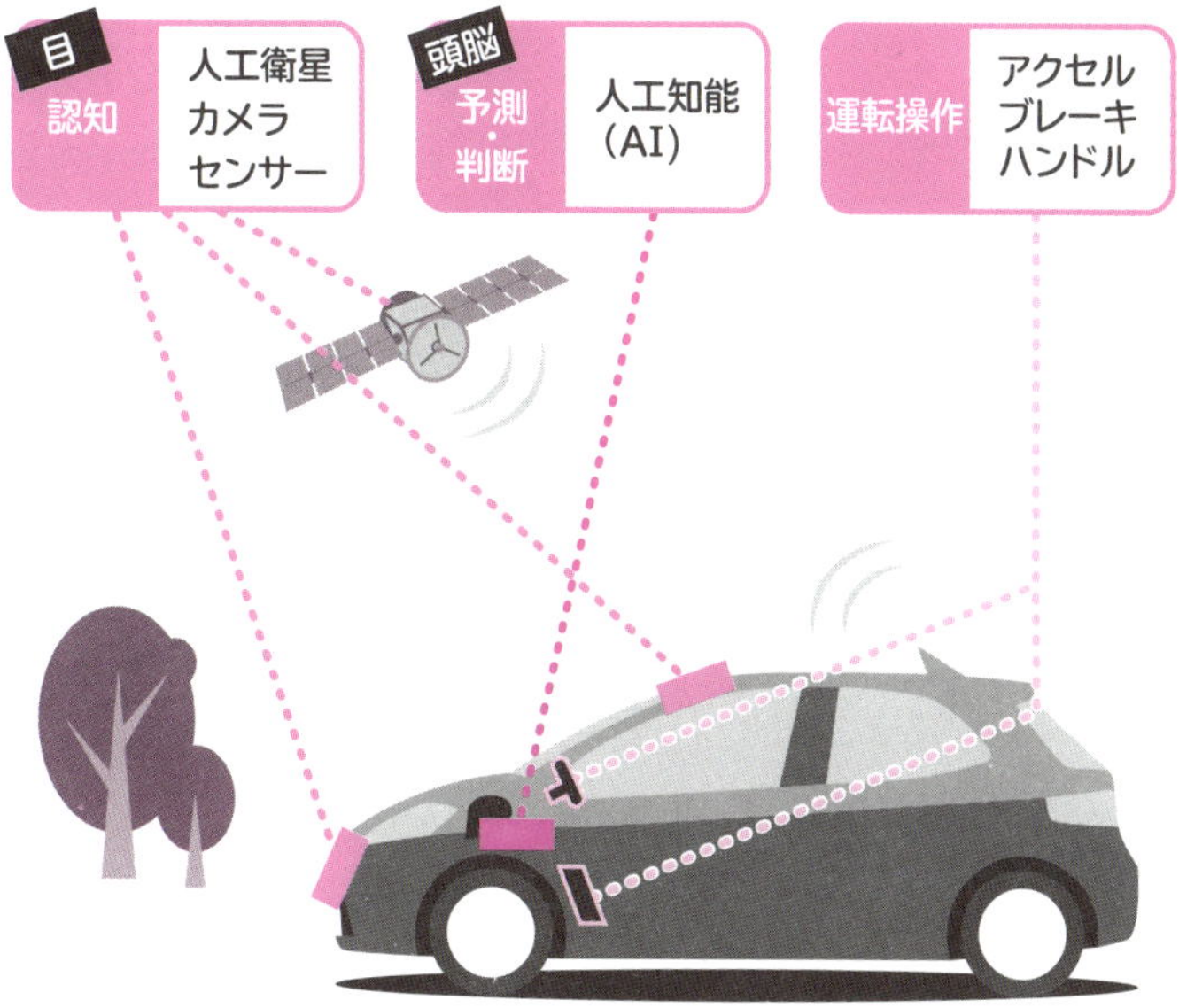

CHECK!

自動運転技術《じどううんてんぎじゅつ》はまだまだ開発途中《かいはつとちゅう》。現在《げんざい》はどのレベル？

自動運転《じどううんてん》の技術《ぎじゅつ》はレベル0～5までの6段階《だんかい》に分けられています。現在《げんざい》は、高速道路《こうそくどうろ》ならハンドルを握《にぎ》らなくてもよいとする、レベル3の自動車《じどうしゃ》が販売《はんばい》されています。巡回《じゅんかい》バスなどで、ドライバーがいなくてもOKとするレベル4の実験《じっけん》も進《すす》んでいます。目標《もくひょう》は、機械《きかい》に運転代行《うんてんだいこう》をおまかせできるレベル5。実現《じつげん》はまだ先のことですが、効率《こうりつ》よく運行《うんこう》されることで渋滞《じゅうたい》が減《へ》り、交通事故《こうつうじこ》も減《へ》ると予想《よそう》されています。

リニアモーターカーってどういうしくみ？

リニア新幹線《しんかんせん》はなぜ速《はや》く走れるの？

磁力《じりょく》が車体を浮《う》かして 磁力《じりょく》が前に進《すす》ませる

時速《じそく》３２０ｋｍで走る新幹線《しんかんせん》だってスゴいのに、現在工事《げんざいこうじ》が進《すす》んでいるリニア中央新幹線《ちゅうおうしんかんせん》は、なんと最高時速《さいこうじそく》５００ｋｍで走るって知ってますか？ 東京－大阪《おおさか》間をなんと、最速《さいそく》67分で結《むす》ぶ予定《よてい》なんです。

リニア新幹線《しんかんせん》がこんなスピードで走れるのは、新幹線《しんかんせん》がレールの上を車輪《しゃりん》で走るのに対《たい》して、リニ

磁石《じしゃく》の力で車両《しゃりょう》が進《すす》むしくみ

車両《しゃりょう》に搭載《とうさい》された超電導磁石《ちょうでんどうじしゃく》と、ガイドウェイ側面《そくめん》の電磁石《でんじしゃく》（推進《すいしん》コイル）は、N極《きょく》・S極《きょく》が交互《こうご》に配置《はいち》されている

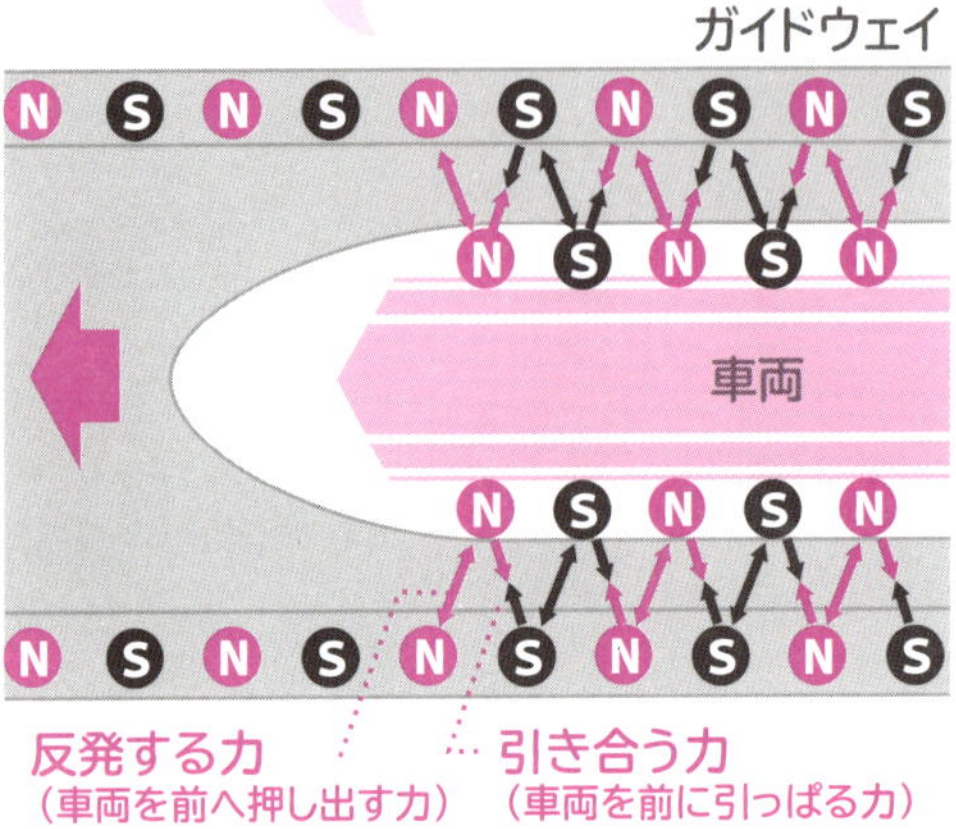

ガイドウェイの電磁石《でんじしゃく》（推進《すいしん》コイル）に電流《でんりゅう》を流《なが》すと、N極《きょく》・S極《きょく》が交互《こうご》に入れ替《か》わり、車両《しゃりょう》の超電導磁石《ちょうでんどうじしゃく》との間で引き合う力と反発《はんぱつ》する力が発生《はっせい》して、車両《しゃりょう》が前進《ぜんしん》する

CHECK!

リニアモーターカーの技術《ぎじゅつ》は地下鉄《ちかてつ》でも使《つか》われている

リニアモーターカーというと未来《みらい》の技術《ぎじゅつ》のように感《かん》じますが、実《じつ》は、都営地下鉄《とえいちかてつ》大江戸線やOsaka Metro 長堀鶴見緑地線《ながほりつるみりょくちせん》といった地下鉄《ちかてつ》も、リニアモーターカー。ただし「磁気浮上式《じきふじょうしき》」のリニア中央新幹線《ちゅうおうしんかんせん》とは異《こと》なり、車輪《しゃりん》とレールを用いる「鉄輪式《てつりんしき》リニアモーターカー」です。浮《う》いて走るタイプではありませんが、磁石《じしゃく》の力を利用《りよう》して進《すす》むので、モーターがコンパクトで、その分車両《しゃりょう》やトンネルのサイズを小さくでき、建設《けんせつ》費《ひ》も安《やす》くできるんです。

車両《しゃりょう》が浮《う》き上がるしくみ

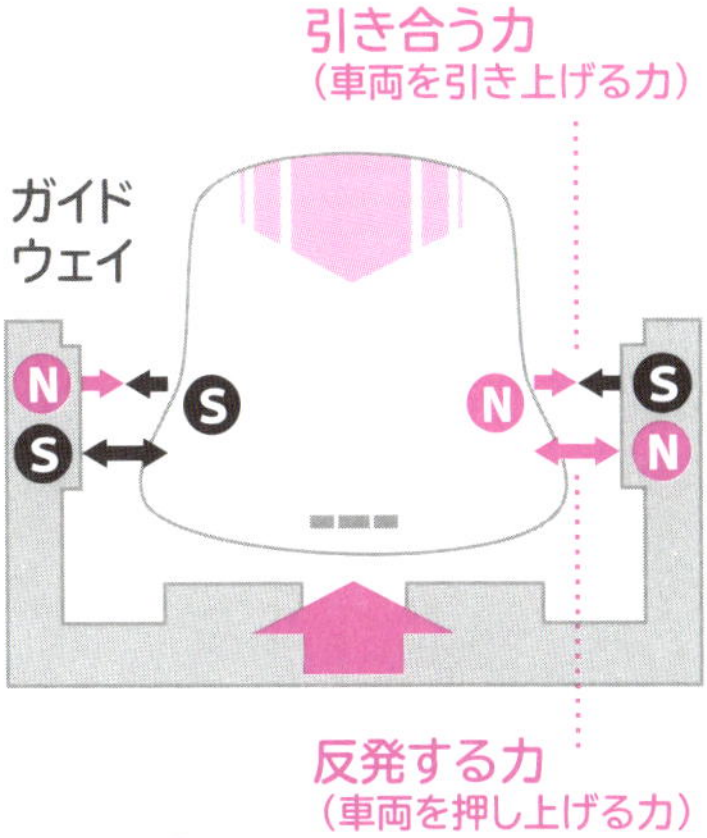

車両《しゃりょう》に搭載《とうさい》された超電導磁石《ちょうでんどうじしゃく》と、ガイドウェイ側面《そくめん》の電磁石《でんじしゃく》（浮上《ふじょう》・案内《あんない》コイル）の間で、反発《はんぱつ》する力（車両《しゃりょう》を押し上げる力）と引き合う力（車両《しゃりょう》を引き上げる力）が発生《はっせい》し、車両《しゃりょう》が浮《う》き上がる

リニア新幹線《しんかんせん》は、磁石《じしゃく》の力で車体を浮《う》かせて、車輪《しゃりん》を使《つか》わずに走るから。そんなことができるのは、モーターのしくみによるものです。

普通《ふつう》のモーターは、磁石《じしゃく》でつくられた筒《つつ》の中に電磁石《でんじしゃく》を入れ、N極《きょく》・S極《きょく》を切り替《か》えることで回転《かいてん》しますが、リニアモーターは磁《じ》石《しゃく》コイルを筒状《つつじょう》ではなく、直線《ちょくせん》上に配置《はいち》しています。

車両《しゃりょう》に搭載《とうさい》された超強力《ちょうきょうりょく》な超《ちょう》電導磁石《でんどうじしゃく》と、ガイドウェイというレールに設置《せっち》された電磁石《でんじしゃく》との間の「引き合う力」「反発《はんぱつ》する力」によって、浮上《ふじょう》して走ることができるんです。浮《う》いているからレールと車輪《しゃりん》の摩擦《まさつ》はなし！ 高速《こうそく》での運行《うんこう》が可能《かのう》なんですね。

リニア中央新幹線《ちゅうおうしんかんせん》は約《やく》90％がトンネル

トンネルってどうやって掘《ほ》ってるの？

巨大《きょだい》ドリルで掘《ほ》ったそばから壁《かべ》をつくるシールド工法《こうほう》

106ページで紹介《しょうかい》したリニア中央新幹線《ちゅうおうしんかんせん》。最高速度《さいこうそくど》が時速《じそく》500km！というのもスゴいんですが、全長《ぜんちょう》の約《やく》9割《わり》がトンネルだっていうのもビックリです！何百キロものトンネル工事《こうじ》を、いったいどうやって進《すす》めているのでしょうか？

リニア中央新幹線《ちゅうおうしんかんせん》では、都市部《としぶ》は地下鉄《ちかてつ》などと同じシールド工法《こうほう》、山岳部《さんがくぶ》はNATM《ナトム》工法《こうほう》という、2つの方法《ほうほう》でトンネル工事《こうじ》が進《すす》められています。

シールド工法《こうほう》では、円筒状《えんとうじょう》のシールドマシンという機械《きかい》を使《つか》います。シールドマシンはトンネルの直径《ちょっけい》とほぼ同サイズで、先端《せんたん》にある巨大な円盤型《えんばんがた》のカッターを回《かい》転《てん》させながら、地中を掘《ほ》り進《すす》みます。掘削《くっさく》と排土作業《はいどさぎょう》を進《すす》めながら、少しずつマシンを前へ進《すす》めていくんですね。しかも、掘《ほ》ったそばから、コンクリートの壁《かべ》を組み立てちゃう！

リニア中央新幹線《ちゅうおうしんかんせん》はトンネル区《く》間《かん》が超長《ちょうなが》いので、実際《じっさい》にはいくつかの区間《くかん》に区切《くぎ》って、複数《ふくすう》のマシンが使用《しよう》されています。

シールド工法《こうほう》はコストがかかりますが、マシン自体がトンネルの壁《かべ》を支《ささ》えながら掘《ほ》り進《すす》むので、安《あん》全性《ぜんせい》が高く、効率的《こうりつてき》な掘削《くっさく》が可能《かのう》なんですね。

シールド工法《こうほう》のしくみ

都市部《としぶ》の地下のトンネル工事《こうじ》で採用《さいよう》されているシールド工法《こうほう》は、円筒形《えんとうけい》のシールドの中をカッターが回転《かいてん》しながら土を削《けず》り、掘《ほ》り進《すす》める工法《こうほう》

シールドマシンは先端《せんたん》のカッターヘッドを回転《かいてん》して掘削《くっさく》しながら前進《ぜんしん》し、掘削後《くっさくご》はセグメントというコンクリート製《せい》の壁《かべ》を組み立てる

非常口《ひじょうぐち》（立坑《たてこう》）から非常口《ひじょうぐち》（立坑《たてこう》）へ向《む》けてシールドマシンでトンネルを掘《ほ》り進《すす》める

CHECK!

山岳部《さんがくぶ》のトンネルは山が持《も》つ支《ささ》える力を利用《りよう》

リニア中央新幹線《ちゅうおうしんかんせん》の山岳部区間《さんがくぶくかん》では、NATM（ナトム）という工法《こうほう》でトンネルを掘《ほ》っています。これは、山が本来持《も》っている支《ささ》える力を利用《りよう》して、トンネルをつくる方法《ほうほう》。ダイナマイトで爆破掘削《ばくはくっさく》したあと、トンネルの周囲《しゅうい》の岩盤《がんばん》をボルトとコンクリートで固定《こてい》し、山とトンネルを一《いっ》体化《たいか》させることで、周囲《しゅうい》の土の圧力《あつりょく》で安全《あんぜん》を保《たも》つ技術《ぎじゅつ》です。

タワーマンションでも大丈夫《だいじょうぶ》！
地震列島《じしんれっとう》「日本」の地震対策技術《じしんたいさくぎじゅつ》

「耐震《たいしん》」「制震《せいしん》」「免震《めんしん》」地震《じしん》に備《そな》える3つの構造《こうぞう》

最近《さいきん》は超高層《ちょうこうそう》のタワーマンションや、高層《こうそう》の複合《ふくごう》ビルも増《ふ》えてきましたね。展望《てんぼう》は素敵《すてき》だけど、地震《じしん》のときは大丈夫《だいじょうぶ》？ なんて、ちょっと心配《しんぱい》になりますよね……。

実《じつ》は、日本の高層《こうそう》ビルは、ほとんどの場合《ばあい》、「耐震構造《たいしんこうぞう》」「制震構造《せいしんこうぞう》」「免震構造《めんしんこうぞう》」という3つの建築《けんちく》構造《こうぞう》で、地震対策《じしんたいさく》をしています。

耐震構造《たいしんこうぞう》は、柱《はしら》や梁《はり》を太くして

耐震構造《たいしんこうぞう》
建物自体《たてもの》で地震《じしん》の揺《ゆ》れのエネルギーを受《う》け止める

制震構造《せいしんこうぞう》
ダンパーと呼《よ》ばれる制震《せいしん》装置《そうち》を設置《せっち》し、揺《ゆ》れのエネルギーを吸収《きゅうしゅう》する

免震構造《めんしんこうぞう》
免震装置《めんしんそうち》を基礎《きそ》に取《と》り付《り》け、揺《ゆ》れのエネルギーを吸収《きゅうしゅう》する

耐震構造《たいしんこうぞう》
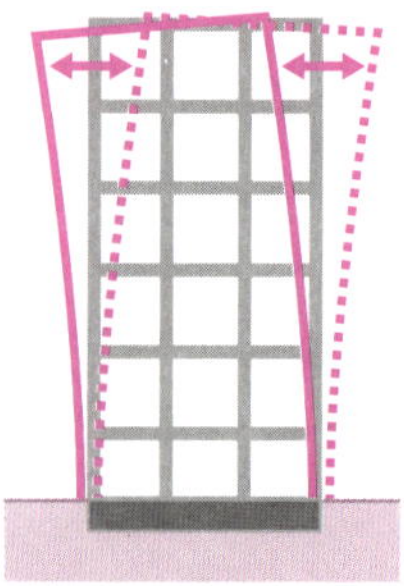

制震構造《せいしんこうぞう》
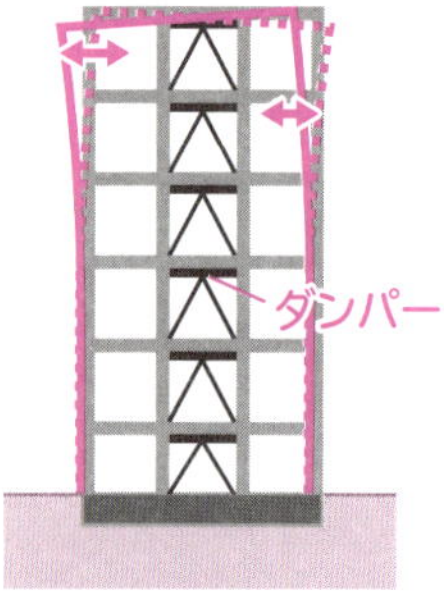

免震構造《めんしんこうぞう》
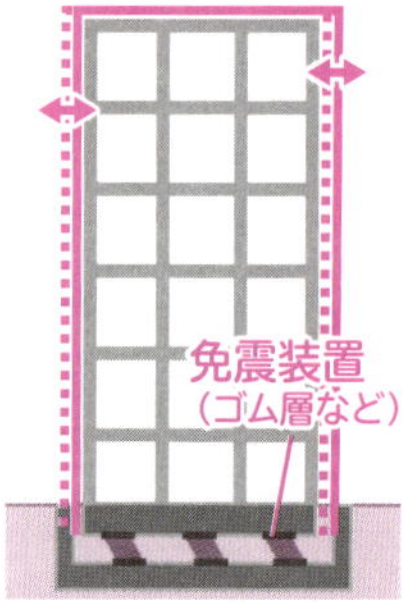

CHECK! 日本伝統《でんとう》の技術《ぎじゅつ》が地震《じしん》から建物《たてもの》を救《すく》う!?

伝統的《でんとうてき》な技術《ぎじゅつ》をいかした地震対《じしんたい》策《さく》をしているケースもありますよ。その代表例《だいひょうれい》が東京スカイツリーです。東京スカイツリーの中央部《ちゅうおうぶ》には、外側《そとがわ》の鉄骨構造《てっこつこうぞう》とは独立《どくりつ》した、鉄筋《てっきん》コンクリートの円筒《えんとう》（心《しん》柱《ばしら》）が設置《せっち》され、これが揺《ゆ》れを吸《きゅう》収《しゅう》するという制震《せいしん》システムを採用《さいよう》。日本最古《さいこ》の木造建築《もくぞうけんちく》、法隆寺《ほうりゅうじ》の五重塔《ごじゅうのとう》になぞらえて「心柱制《しんばしらせい》震《しん》」と呼《よ》ばれています。タワーの中にもうひとつタワーをつくり、別々《べつべつ》に揺《ゆ》らすことで互《たが》いの揺《ゆ》れを打《う》ち消《け》し合う原理です。 地震《じしん》の影響《えいきょう》を受《う》けにくいので、これからも高層《こうそう》タワーの建設《けんせつ》で活用《かつよう》されていく技術《ぎじゅつ》となりそうです。

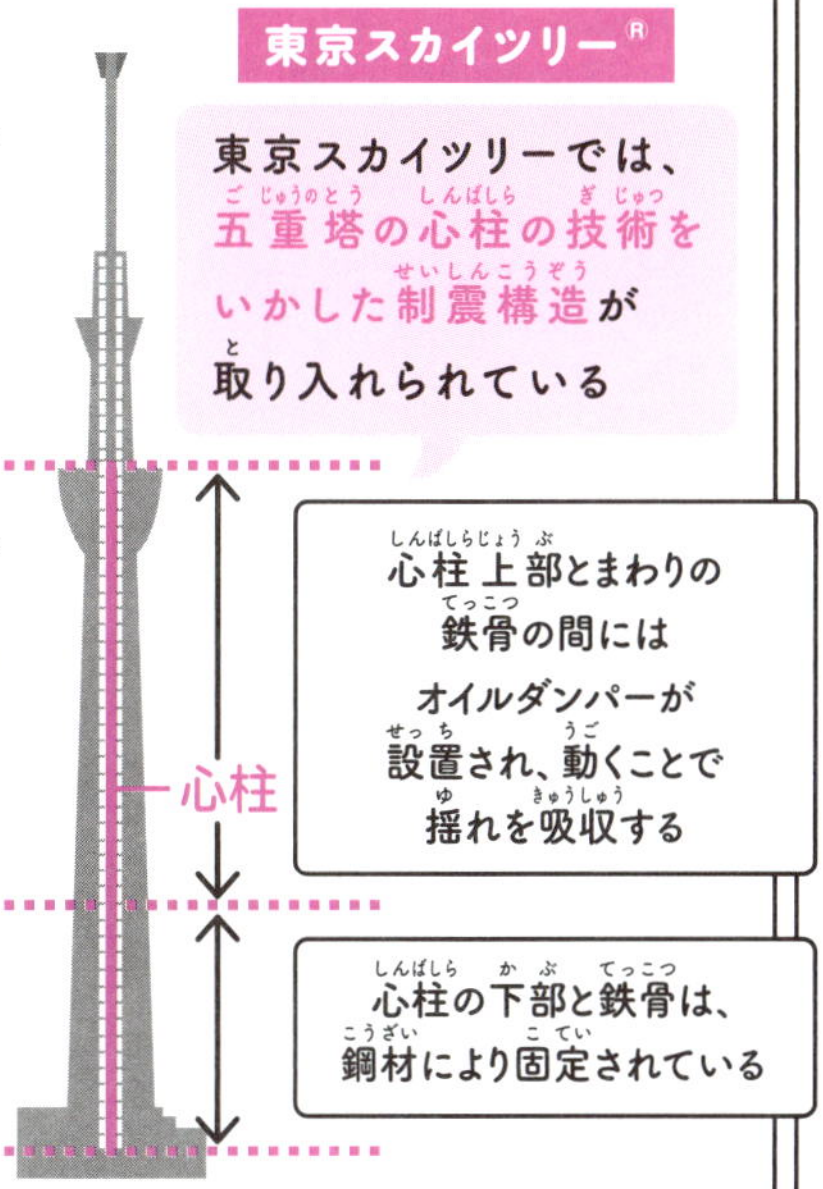

建物全体《たてものぜんたい》の強度《きょうど》を高める方式《ほうしき》。建《たて》物《もの》は倒《たお》れにくいけど、地震《じしん》の揺《ゆ》れを吸収《きゅうしゅう》できないので、壁《かべ》にひびが入るなど、ダメージを受《う》けやすいのが難点《なんてん》です。

制震構造《せいしんこうぞう》は、制震《せいしん》ダンパーという装置《そうち》を柱《はしら》や壁《かべ》に設置《せっち》したり、上《じょう》層階《そうかい》にマスダンパーという重《おも》りを組み込《こ》んだりして、揺《ゆ》れを吸収《きゅうしゅう》する方式《ほうしき》。古い高層《こうそう》ビルの耐震力《たいしんりょく》アップのために、追加《ついか》パーツ的《てき》な技《ぎ》術《じゅつ》としても使《つか》われています。

免震構造《めんしんこうぞう》は建物《たてもの》と地盤《じばん》の間に、ゴムなどの免震装置《めんしんそうち》をはさむことで、地盤《じばん》からくる揺《ゆ》れを直接建物《ちょくせつたてもの》に伝《つた》えないようにする方式《ほうしき》です。効果《こうか》は極《きわ》めて高いけど、建築費用《けんちくひよう》も高額《こうがく》なんです。

ユニクロのセルフレジでビックリ!

バーコードをスキャンしていないのに、どうして商品《しょうひん》がわかるの?

電波《でんぱ》を使《つか》って情報《じょうほう》を読《よ》み取《と》るRFID《アールエフアイディー》タグのおかげ

コンビニでもスーパーでも当たり前の存在《そんざい》となってきたセルフレジ。自分《じぶん》で商品《しょうひん》のバーコードをリーダーで読み取《と》るタイプが主流《しゅりゅう》ですが、実《じつ》は最強《さいきょう》といえるセルフレジがユニクロにあるって知ってますか? 商品《しょうひん》を入れたカゴを指定《してい》の場所《ばしょ》に置《お》くだけで、まとめて支払額《はらいがく》を表示《ひょうじ》してくれるんです!

ここで使《つか》われているのはRFID《アールエフアイディー》タグ。電波《でんぱ》を使《つか》ってタグの情報《じょうほう》を読み取《と》ってくれる技術《ぎじゅつ》です。透《す》けている状態《じょうたい》のRFID《アールエフアイディー》タグを見る機会《きかい》があったら観察《かんさつ》してみて! 周囲《しゅうい》をぐるぐると回る線がアンテナとなっていて、セルフレジから出た電波《でんぱ》をキャッチすると、タグ内部《ないぶ》のチップに記録《きろく》されている情報《じょうほう》をセルフレジ側《がわ》に送《おく》ってくれるんですね。

万引き対策《たいさく》にもひと役《やく》買っています。お金を払《はら》うとRFID《アールエフアイディー》タグに「精算済《せいさんず》み」の情報《じょうほう》が記録《きろく》され、出入口にある盗難防止《とうなんぼうし》ゲートからの出入りができるようになっています。いつ、どの商品《しょうひん》がいくつ売れたかのデータ収集《しゅうしゅう》もカンタン。さらにはダンボール箱《ばこ》に入った状《じょう》態《たい》の検品《けんぴん》も、箱《はこ》の外からRFID《アールエフアイディー》リーダーをかざすだけで、チェックができちゃいます。人手不足《ひとでぶそく》な現場《げんば》の悩《なや》みを解決《かいけつ》してくれる技《ぎ》術《じゅつ》でもあるんですよ。

RFID《アールエフアイディー》の場合

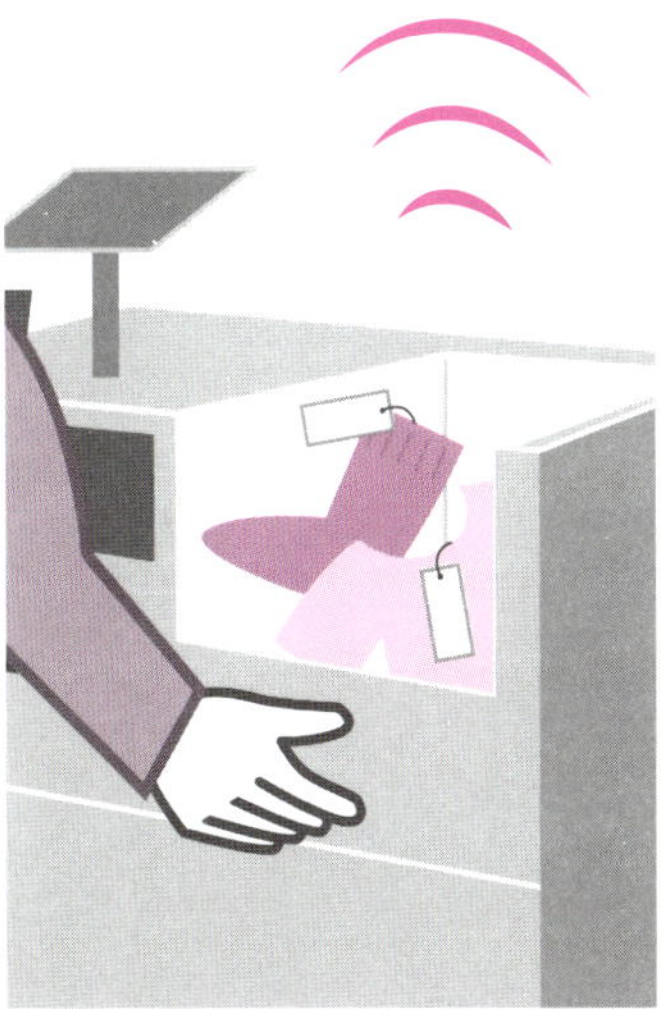

RFID《アールエフアイディー》の場合は、タグとリーダーの間で電波《でんぱ》を送受信《そうじゅしん》しているので、まとめて読み取《と》れる

バーコードの場合

バーコードをスキャンする場合は、1点ずつ商品《しょうひん》のタグをリーダーで読み取《と》る必要《ひつよう》がある

CHECK!

RFID《アールエフアイディー》技術《ぎじゅつ》はさまざまな分野《ぶんや》で利用《りよう》されている

RFID《アールエフアイディー》（Radio Frequency Identification）ってなに？ 聞いたことないよ、という人もいるかもしれませんが、実《じつ》は、あちこちで活用されているんです。わたしたちが毎日利用《りよう》するSuicaやPASMOなどの交通系《けい》ICカードもRFID。改札《かいさつ》を通過《つうか》する際《さい》に情報《じょうほう》を読み取《と》ります。回転寿司《かいてんずし》のお皿《さら》や、図書館《としょかん》の本にもRFIDが貼《は》られて管理《かんり》されていますね。

リチャードの Let's Explore!

身《み》のまわりに たくさん存在《そんざい》する半導体《はんどうたい》 そもそも半導体《はんどうたい》ってなんだ!?

半導体《はんどうたい》は電気の流《なが》れを制御《せいぎょ》できる便利《べんり》な物質《ぶっしつ》

最近《さいきん》、ニュースで「半導体《はんどうたい》」と聞くことが増《ふ》えましたね。どんな物質《ぶっしつ》なのか？ なぜ注目《ちゅうもく》されているのか？ 各国《かっこく》に追《お》い求《もと》められるその魅力《みりょく》を追《お》ってみましょう。

金属《きんぞく》をはじめとする、電気を通しやすい物質《ぶっしつ》のことを「導体《どうたい》」と呼《よ》びます。半導体《はんどうたい》は、その特性《とくせい》を半分だけもった物質《ぶっしつ》なんです。

半導体《はんどうたい》は、特定《とくてい》の条件《じょうけん》によって電気が通りやすくなったり、通りにくくなったりする物質《ぶっしつ》。たとえば、熱《あつ》さや明るさ、磁気《じき》や電圧《でんあつ》、さらに物理的《ぶつりてき》な圧力《あつりょく》など、さまざまな条件《じょうけん》で電気の通りやすさが変化《へんか》します。つまり、電気の流《なが》れを制御《せいぎょ》するのにピッタリな物質《ぶっしつ》ということ。すっごく便利《べんり》そうでしょう？

光が条件《じょうけん》の半導体《はんどうたい》なら、明るいときだけ電流《でんりゅう》が流《なが》れるようにできます。この特徴《とくちょう》を利用《りよう》して、光に反応《はんのう》するカメラのセンサーや、人《じん》感《かん》センサー、ソーラーパネルなどがつくられています。

とくに重要《じゅうよう》なのが、電圧《でんあつ》を条件《じょうけん》とする半導体《はんどうたい》です。各国《かっこく》が求《もと》めてやまない情報処理《じょうほうしょり》チップは、これを使《つか》ってつくられています。チップはスマホやパソコンはもちろん、家電やクルマ、工場の工作機械《きかい》、病院《びょういん》の医療機器《いりょうきき》、そして防衛装《ぼうえいそう》備《び》などにも搭載《とうさい》されています。

国、産業《さんぎょう》、日常《にちじょう》生活、すべての段《だん》

半導体《はんどうたい》ってどうやってつくるの？

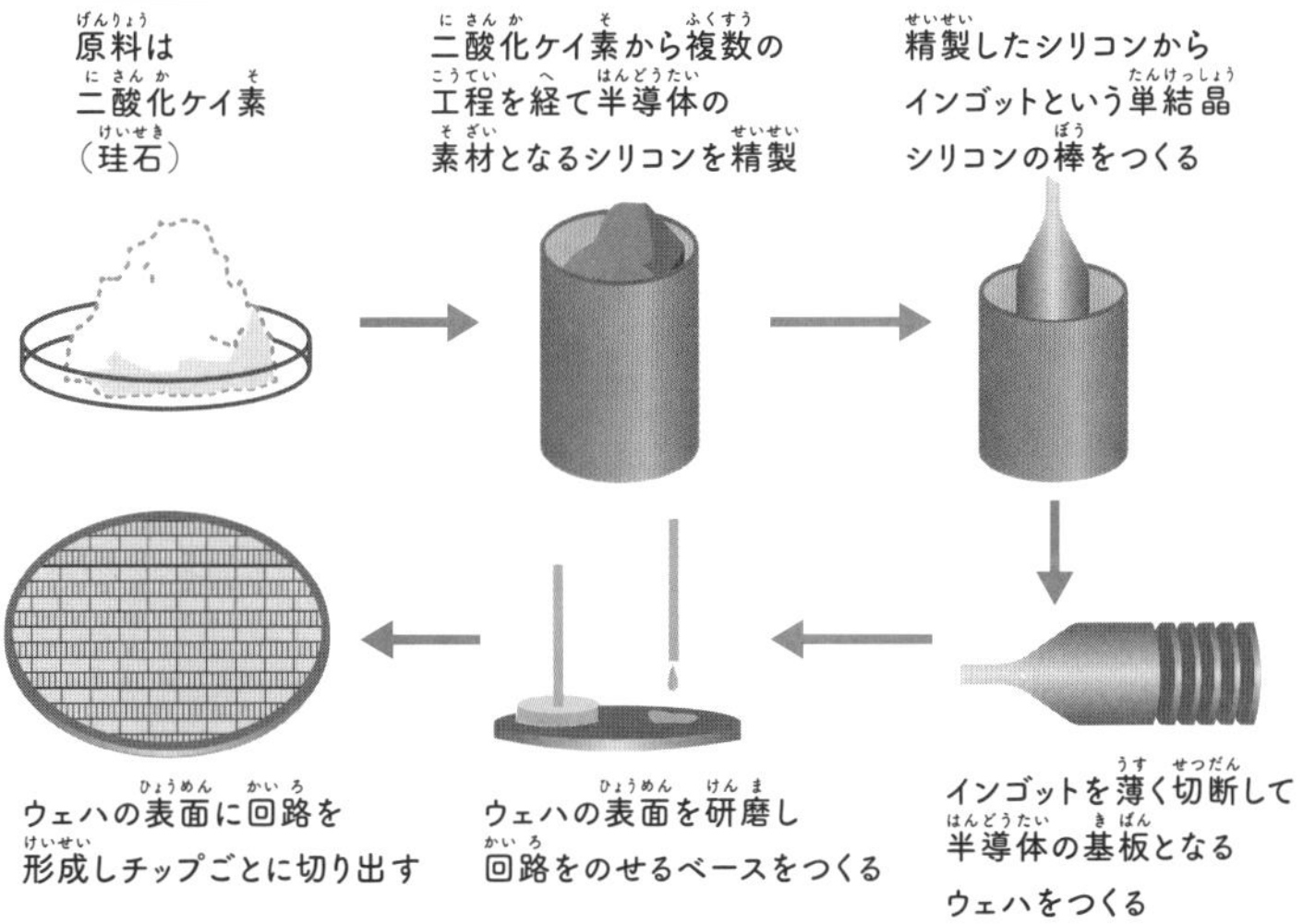

半導体《はんどうたい》はさまざまなものに使用《しよう》されている

身《み》のまわりにある半導体《はんどうたい》

- デジカメのイメージセンサー
- パソコンのGPU《ジーピーユー》やメモリ
- スマート家電の通信《つうしん》チップ
- 温度計《おんどけい》や歩数計のセンサー　など

階《かい》で使《つか》われるため、情報処理《じょうほうしょり》ができる半導体《はんどうたい》チップを手に入れることは死活問題《しかつもんだい》というわけです。半導体《はんどうたい》として使《つか》える素材《そざい》はシリコンや窒化《ちっか》ガリウムが有名《ゆうめい》で、それらの調達《ちょうたつ》や加工《かこう》で激《はげ》しい競争《きょうそう》がおきていますね。他《ほか》にも、ダイヤモンドやグラフェンを使《つか》う研究《けんきゅう》も進《すす》んでいます。

それから、いまのチップは電気で情報処理《じょうほうしょり》を行なっていますが、光で処理《しょり》する方法《ほうほう》も大きく前進《ぜんしん》しています。処理《しょり》スピードや効率《こうりつ》を、100倍《ばい》にアップできるかもしれないのが利点《りてん》です。そういった「光電」の時代《じだい》が来ても半導体《はんどうたい》は必要《ひつよう》とされるので、まだまだつきあいは長いですね。

さまざまなデータにアクセスできる QR《キューアール》コードってどういうしくみ？

大量《たいりょう》の文字や数字を格納《かくのう》できる日本発のスゴい技術《ぎじゅつ》

スマホで読み込《こ》むと、WEBサイトに飛《と》んだり、アプリのダウンロードができたり、買い物の決済《けっさい》もできちゃうQR《キューアール》コード。いちいち文字や数字を入力しなくてもいいからとっても便利《べんり》ですよね。

実《じつ》はこれ、1994年に日本の自動車部品《じどうしゃぶひん》メーカー、デンソーウェーブ（当時《とうじ》はデンソーの一部《いちぶ》門《もん》）が発明《はつめい》した技術《ぎじゅつ》なんです。あまりにも優《すぐ》れているので、いまや世界中で使《つか》われまくっています。

黒《くろ》い四角が集《あつ》まった模様《もよう》にしか見えませんが、なんとこれ、文字、数字、記号《きごう》などの集《あつ》まりなんです。模様《もよう》ではないので、まったく同じ文字列《もじれつ》（情報《じょうほう》）でない限《かぎ》り、同じQRコードになることはありません。最大《さいだい》サイズのQRコードなら、数字は7089字、漢字《かんじ》やひらがな、カタカナなら1817文字も入れられるんです。

その秘密《ひみつ》は、縦《たて》と横《よこ》の平面《へいめん》の形にあります。つまり縦方向《たてほうこう》と横方《よこほう》向《こう》に二次元分《にじげんぶん》の情報《じょうほう》を持《も》つことができるということ。なので、二次《にじ》元《げん》コードとも呼《よ》ばれています。

スキャンして読み取《と》るコードというと、バーコードがありますが、こちらは太さの異《こと》なる線《せん》が、横一《よこいち》列《れつ》に並《なら》んでいますよね。つまり、バーコードは横方向《よこほうこう》の情報《じょうほう》だけしか持《も》つことができないんですね。

QR《キューアール》コードは
バーコードのように
角度《かくど》を合わせなくても
読《と》み取りしやすい

縦《たて》と横《よこ》に情報《じょうほう》を
記録《きろく》できるので、
バーコードに比《くら》べて
膨大《ぼうだい》な情報《じょうほう》を
持《も》つことができる

CHECK!

QR《キューアール》コードは読《と》み取りしやすいのも特徴《とくちょう》

QRとはQuick Response（クイック・レスポンス）の略《りゃく》で、「素早《すばや》い反応《はんのう》」という意味《いみ》。どういうことかというと、バーコードのように角度《かくど》を合わせなくても、読み取《と》りしやすいんです。QRコードを見ると、必ず右上、左上、左下に大きい四角が入っていますよね。これは標識《ひょうしき》で、この四角があることで、どの角度《かくど》からもサクッと読み取《と》れるんです！ 試《ため》しにスマホを90度《ど》傾《かたむ》けてみてください。ちゃんと読み込《こ》むことができますよ。

※QRコードは株式会社デンソーウェーブの登録商標です。

鉄《てつ》のかたまりが空を飛《と》ぶなんて！ 飛行機《ひこうき》やヘリコプターが飛《と》ぶしくみ

空中《くうちゅう》に持《も》ち上げる「揚力《ようりょく》」と前進《ぜんしん》させる「推力《すいりょく》」が必要《ひつよう》

飛行機《ひこうき》とヘリコプター、どちらも空を飛《と》ぶ乗《の》り物《もの》ですが、そもそもあんな大きな鉄《てつ》のかたまりが、どうして空を飛《と》べるの？ 不思議《ふしぎ》ですよね。

飛行機《ひこうき》やヘリコプターが空を飛《と》ぶためには、機体《きたい》を空中《くうちゅう》に持《も》ち上げる力「揚力《ようりょく》」が必要《ひつよう》です。飛行《ひこう》機《き》の場合《ばあい》は、翼《つばさ》の形状《けいじょう》が関係《かんけい》しています。飛行機《ひこうき》がエンジンによっ

飛行機《ひこうき》が飛《と》ぶ原理

飛行機《ひこうき》が飛《と》ぶためには、エンジンによって前に進《すす》む力「推力《すいりょく》」と、翼《つばさ》によって空中に持《も》ち上げる力「揚力《ようりょく》」が必要《ひつよう》

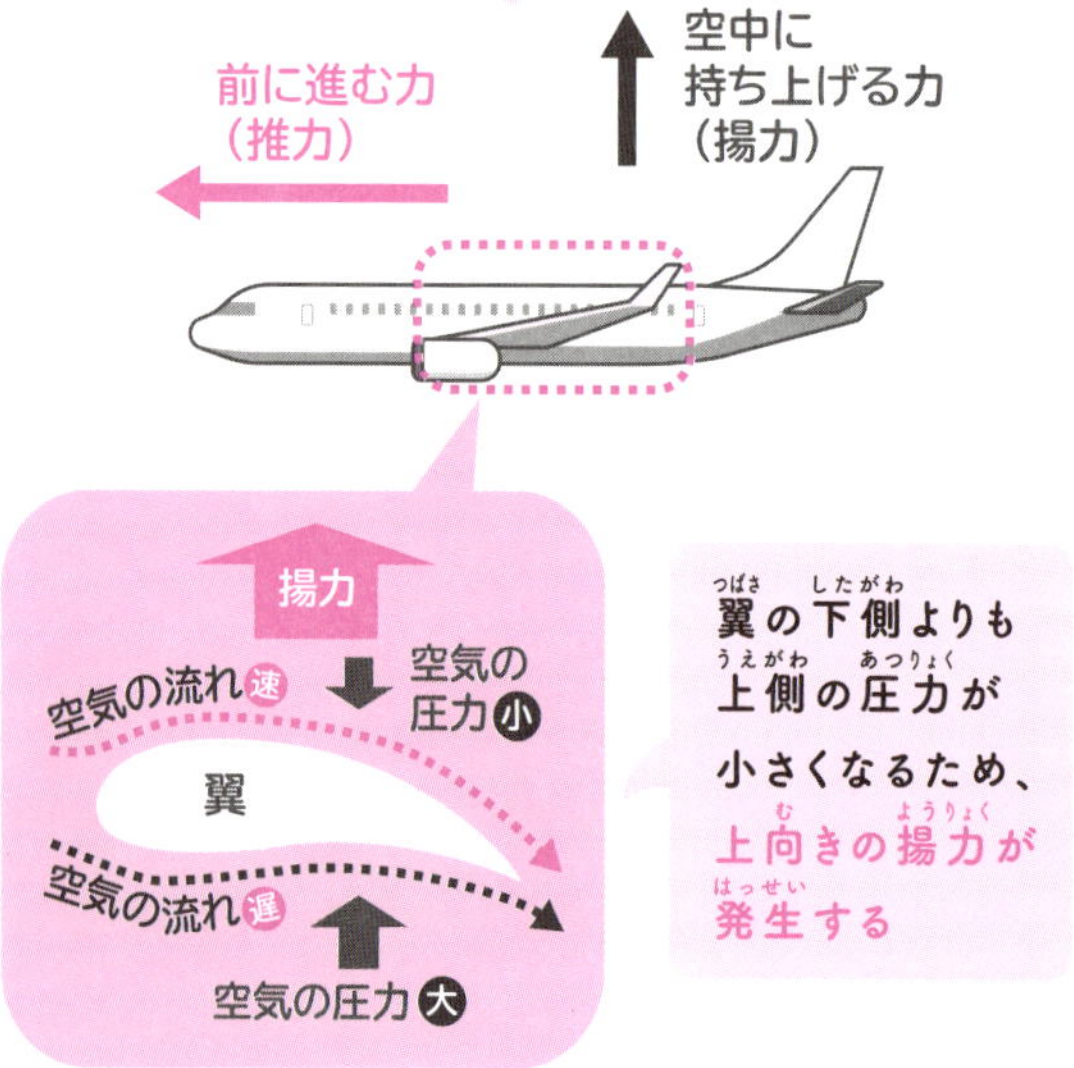

CHECK!

ドローンが飛《と》ぶしくみはヘリコプターと同じ？

空を飛《と》ぶものとしては、ドローンもありますよね。ヘリコプターと同じようにプロペラを回して飛《と》びますが、わたしたちがよく見るドローンは複数《ふくすう》のプロペラを備《そな》えていることが多いです。これは、ヘリのように翼《つばさ》を1枚ずつ動《うご》かすのではなく、複数《ふくすう》のプロペラの回転《かいてん》数《すう》を細かく変《か》えることで、揚力《ようりょく》をコントロールするというアイデア。なかにはヘリと同じしくみを採用《さいよう》しているドローンもあります。

ヘリコプターが飛《と》ぶ原理

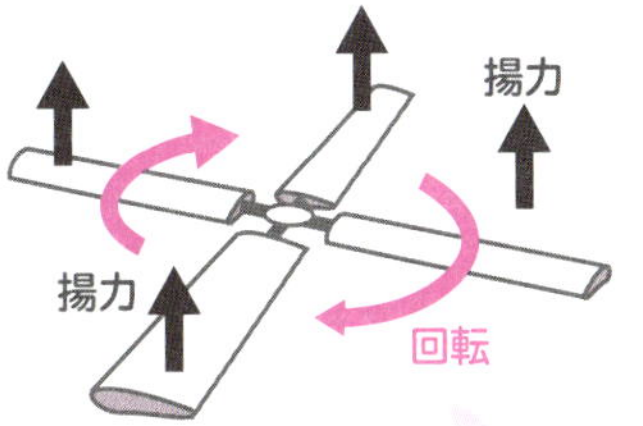

ヘリコプターは、翼《つばさ》を回転《かいてん》させることで空気の流《なが》れをつくり出し、飛行機《ひこうき》の翼《つばさ》と同様《どうよう》に、それぞれの翼《つばさ》で「揚力《ようりょく》」を得《え》る

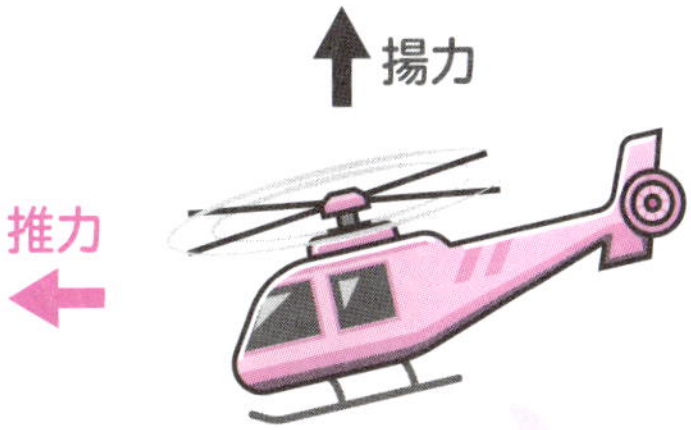

回転《かいてん》する速度《そくど》や翼《つばさ》の角度《かくど》を調整《ちょうせい》することで、揚力《ようりょく》の強さと方向《ほうこう》をコントロールし、空中で静止《せいし》したり、前後左右に動《うご》ける

て前に進《すす》む力「推力《すいりょく》」を得《え》ると、翼《つばさ》の上側《うえがわ》は下側《したがわ》よりも、空気の流《なが》れが速《はや》くなります。すると、重《おも》いものでも、上に引っぱられる力「揚力《ようりょく》」が生まれるんです。

ヘリコプターの場合《ばあい》は、大きなプロペラが回転《かいてん》することで、空気の流《なが》れをつくり出し、回転数《かいてんすう》が上がると、ヘリコプターを浮《う》かせるだけの揚力《ようりょく》が生まれるというわけ。なので、ヘリコプターは垂直《すいちょく》に離《り》発着《はっちゃく》することができるんですね。

また、ヘリコプターはプロペラの角度《かくど》を変《か》えることで、前進《ぜんしん》、後《こう》退《たい》、左右の移動《いどう》を行います。翼《つばさ》を個別《こべつ》に動《うご》かすこともでき、角度《かくど》を調整《ちょうせい》することで、揚力《ようりょく》や推力《すいりょく》をコントロールしているんです。

リチャードの Let's Explore!

重力《じゅうりょく》に逆《さか》らってロケットを飛《と》ばすのは超大変《ちょうたいへん》なのに 人類《じんるい》はどうして宇宙《うちゅう》を目指《めざ》すの？

人が宇宙《うちゅう》に出ていくのは夢《ゆめ》とロマンと便利《べんり》のため!?

ロケットって、宇宙《うちゅう》に行くためだけに存在《そんざい》する上を向《む》いた弾丸《だんがん》のような形をしています。なのに、乗《の》り物《もの》としての効率《こうりつ》は、最低《さいてい》レベルといわざるを得《え》ません。

というのも、1トンのものを打《う》ち上げたければ、約《やく》20トン分ものエネルギーが必要《ひつよう》なんです。これは、おにぎり1個《こ》を運ぶために、おにぎりを20個《こ》食べるようなもの。

重力《じゅうりょく》に逆《さか》らって宇宙《うちゅう》に行くのは、それほど大変《たいへん》なわけです。では、なぜそこまでして宇宙《うちゅう》に行くのか？ 理由《りゆう》を2つにしぼらなければいけないとしたら「便利《べんり》だから」と「夢《ゆめ》のため」でしょうか。

いま自分がどこにいるか知りたいときは、GPS衛星《えいせい》の信号《しんごう》がとても便利《べんり》ですよね。天気予報《よほう》には気象《きしょう》衛星《えいせい》が欠《か》かせませんし、医《い》療《りょう》の進歩《しんぽ》には国際《こくさい》宇宙《うちゅう》ステーションでの研究《けんきゅう》がいかされています。

開発《かいはつ》がうまくいけば、スマホが人工衛星《えいせい》と直接《ちょくせつ》ネット通信《つうしん》できるようにもなります。2030年頃には山や海でもつながるはず！ どうです？ 宇宙《うちゅう》って便利《べんり》でしょう？

でもそれだけじゃなくて、宇宙《うちゅう》には夢《ゆめ》とロマンもあります。火星や木星で生《い》き物《もの》が見つかるかもしれませんし、遠くの宇宙《うちゅう》文明からメッセージが届《とど》くこともあるかもしれません。ゾクゾクしますね。

現在《げんざい》の主流《しゅりゅう》は
液体燃料《えきたいねんりょう》ロケット

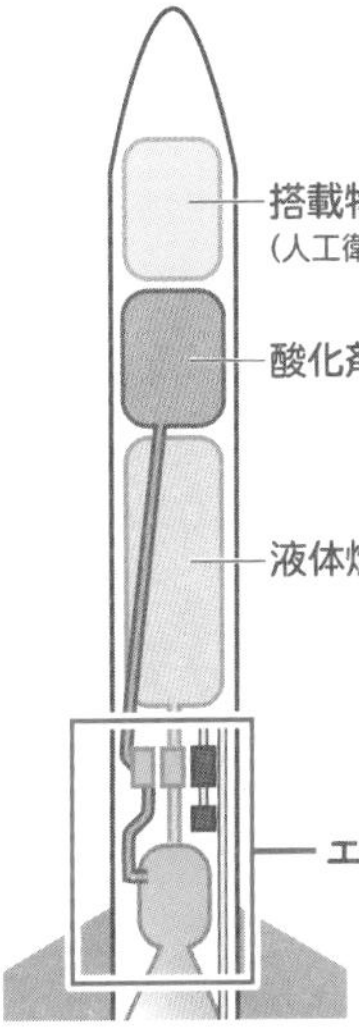

液体水素《えきたいすいそ》などの液体燃料《えきたいねんりょう》を使用《しよう》。燃焼《ねんしょう》の制御《せいぎょ》が可能《かのう》なので、推進力《すいしんりょく》を調整《ちょうせい》しやすく、大型《おおがた》ロケットに使用《しよう》されている

宇宙《うちゅう》で活躍《かつやく》する
マシンの代表例《だいひょうれい》

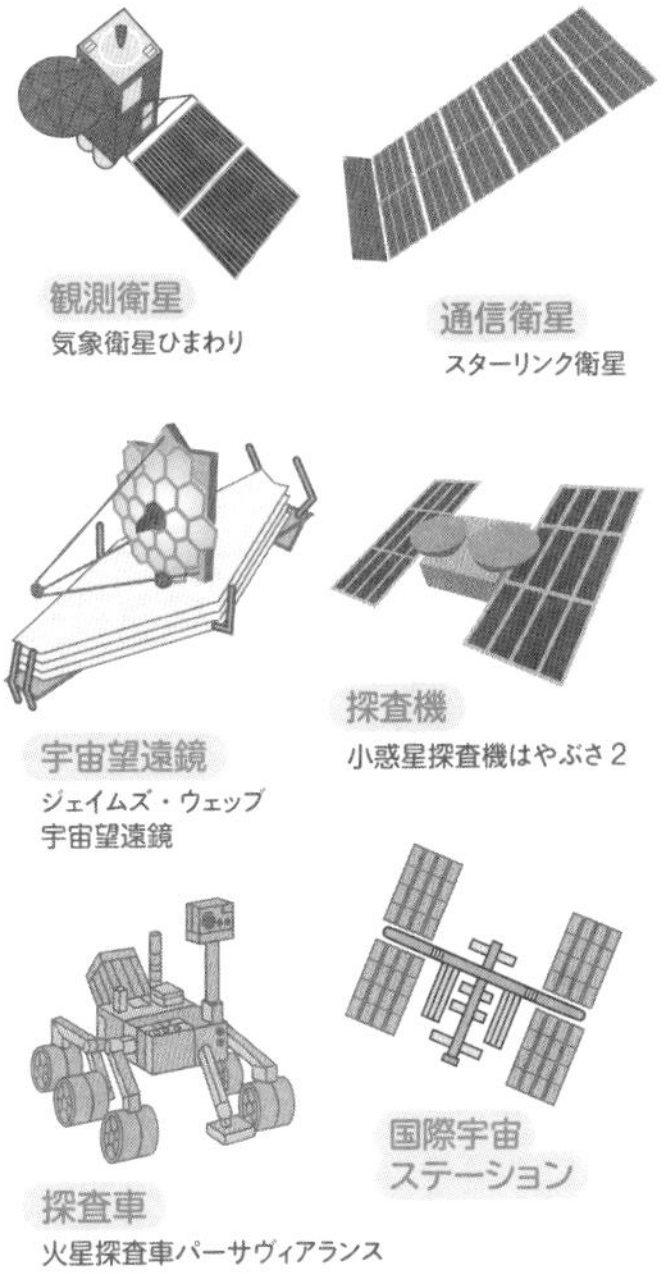

もしくは、宇宙《うちゅう》そのものを攻《こう》略《りゃく》できる日が来るかもしれません。ゲームにルールがあるように、宇《う》宙《ちゅう》には物理法則《ぶつりほうそく》があります。観測《かんそく》データをもとに宇宙《うちゅう》のルールがわかったら、ワープみたいな裏技《うらわざ》を開発《かいはつ》して、銀河《ぎんが》を旅《たび》したいですね。

こういった「便利《べんり》」と「夢《ゆめ》」を手にすべく、人類《じんるい》は宇宙《うちゅう》に向《む》かうのだと思います。余談《よだん》ですが、もうひとつ大きな理由《りゆう》があるとしたら「生存戦略《せいぞんせんりゃく》」かもしれません。恐竜《きょうりゅう》は、隕石《いんせき》で地球《ちきゅう》がヤバくなって絶滅《ぜつめつ》したとされています。でも人類《じんるい》は、火星にも都市《とし》や工場をつくることで、地球《ちきゅう》を脱出《だっしゅつ》したり、火星チームと守《まも》りあったりできます。目指《めざ》せ多惑星《わくせい》文明！

リチャードと

一緒に考えよう

ChatGPT《チャットジーピーティー》の登場《とうじょう》で いっきに普及《ふきゅう》した生成《せいせい》AI《エーアイ》

AI《エーアイ》が人間を超《こ》える日は来るの？

生成《せいせい》ＡＩ《エーアイ》の世界《せかい》はすさまじい勢《いきお》いで進化中《しんかちゅう》

この本が出る２０２５年は、いわゆる「生成《せいせい》ＡＩ《エーアイ》」が爆発的《ばくはつてき》にヒットしている真《ま》っ最中《さいちゅう》。

入力された言葉《ことば》に人間のような言葉《ことば》を返《かえ》す「ＣｈａｔＧＰＴ《チャットジーピーティー》」がその代名詞《だいめいし》で、そのすぐ後には、言葉《ことば》で説明《せつめい》したとおりに画像《がぞう》・音楽・動画《どうが》・音声などを出力するＡＩたちも次々《つぎつぎ》と登場《とうじょう》しました。もうＡＩ祭《まつ》りですね。

専門性《せんもんせい》に特化《とっか》したＡＩも続々《ぞくぞく》とデビューし、医療《いりょう》、製造《せいぞう》、金融《きんゆう》、土木、小売などの産業《さんぎょう》で、快挙《かいきょ》の発表《はっぴょう》が相次《あいつ》いでいます。科学ではノーベル賞《しょう》が授与《じゅよ》されたほど！

しかし、これでもまだ序《じょ》の口だといわれています。数年後にこの文章《ぶんしょう》を読み返《かえ》したら、「あのころはそんな初歩的《しょほてき》なことでさわいでいたのか……」なんて思うはず。

なので、できればそんなに早く陳腐化《ちんぷか》しない、少し未来予想《みらいよそう》を含《ふく》んだお話をしたいと思います。

生成AI《せいせいエーアイ》を使《つか》いこなすには考えを言語化《げんごか》する力が大事《だいじ》

まずは、2025年を生き抜《ぬ》く必要《ひつよう》があります。そのために大事《だいじ》なのは、自分の考えをしっかりと言語化《げんごか》する力だとされています。

ほとんどのAIは言葉《ことば》を主軸《しゅじく》に学習《がくしゅう》をしているため、なにかしてほしいときも、言語《げんご》で伝《つた》えることが多いですよね。とくに文章《ぶんしょう》が重《じゅう》要《よう》となっています。

動画《どうが》を生成《せいせい》するAIを扱《あつか》うときも、どんな動画《どうが》がほしいか文章《ぶんしょう》で入力するケースがほとんどです。

なので、動画《どうが》を生成《せいせい》するAIを「Text to Video」と呼《よ》ぶことがあります。日本語に訳《やく》すと「文章《ぶんしょう》から動画《どうが》」ですね。

同じように、音楽生成《せいせい》AIなら「Text to Music」で「文《ぶん》章《しょう》から音楽」になります。このように、いまは「文章《ぶんしょう》からX」なAIにあふれているわけです。

だからこそ、ほしい結果《けっか》を自分の中でイメージして、しっかりと言葉《ことば》にする力が大事《だいじ》ということ。国語がさらに大切な時代《じだい》ですね。

いや、ちょっとコワいし
こんなのつくれないけど…
バースデーケーキのデコレーションのアイデアを画像にして
了解しました！

AI《エーアイ》が指令《しれい》をこなしてくれる未来《みらい》はすぐそこ!?

「Text to X」なAIは、これからもっと増《ふ》えていくと見られています。なかでも注目《ちゅうもく》なのが「Action」です。文章《ぶんしょう》から行《こう》動《どう》、ということで、AIが指令《しれい》をこなし始《はじ》めます。

たとえばレストランの予約《よやく》なら、参加者《さんかしゃ》のカレンダーがあいている時間に、全員《ぜんいん》が納得《なっとく》できる予約《よやく》を入れて、みたいな指令《しれい》とか。このWebサイトにこの機能《きのう》を足したような、専用《せんよう》のカスタムアプリをつくって自動化《じどうか》して……とか。

人のあらゆるニーズに応《こた》えられるAIが、大統領《だいとうりょう》補佐官《ほさかん》のようにつきっきりでお世話《せわ》してくれる。そんな生活が実現《じつげん》しそうです。

AI《エーアイ》がロボットというカラダを得《え》たらどうなる?

その次《つぎ》はロボットです。これまでのAIはデジタル世界《せかい》がおもな活躍《かつやく》の場でしたが、ロボットという カラダを得《え》たAIは、物理的《ぶつりてき》な世界《せかい》でも活躍《かつやく》し始《はじ》めそうです。

ほとんどの肉体労働《ろうどう》は自動化《じどうか》され、家庭《かてい》でも人間が家事《かじ》をすることはなくなるかもしれません。

でも、ここまで浸透《しんとう》すると逆《ぎゃく》に、AIは人間の意識《いしき》から外れてしまうのでは? と思います。モノが電気で動《うご》くのが当たり前なように、モノがAIでかしこく振《ふ》る舞《ま》うの

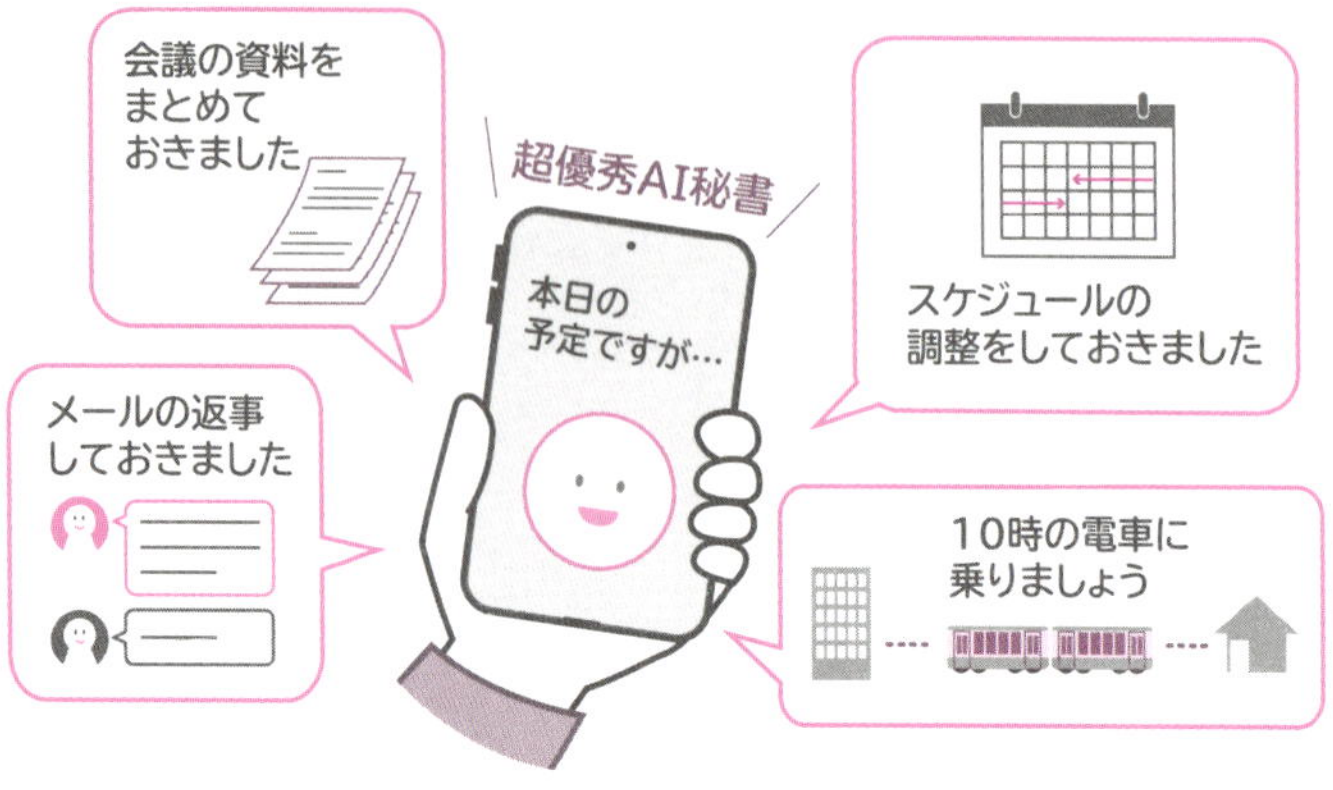

会議の資料を
まとめて
おきました
超優秀AI秘書
本日の
予定ですが…
スケジュールの
調整をしておきました
メールの返事
しておきました
10時の電車に
乗りましょう

コンビニではAIロボットが接客《せっきゃく》
いらっしゃいませー

家事《かじ》や料理《りょうり》もおまかせ！

も、当たり前になるからです。

もしくは、AIを意識《いしき》せざるを得《え》ない展開《てんかい》も考えられます。たとえば「シンギュラリティ」というAIの能力《のうりょく》が人類全体《じんるいぜんたい》を超《こ》えて高まるケースです。

とてつもないレベルに到達《とうたつ》したAIは、人間のどんな願《ねが》いだってかなえられることでしょう。ただし、それは人類《じんるい》に究極《きゅうきょく》の問《と》いを突《つ》きつけることになります。

魔人《まじん》や神龍《しんりゅう》のようなAIには、なにを願《ねが》えばよいのでしょうか？　ギリシア神話《しんわ》では、とある王が「触《ふ》れるすべてが黄金に変《か》わる」ことを願《ねが》いました。すると食料《しょくりょう》や娘《むすめ》も金に変《か》わってしまうことに……。なにを願《ねが》うことが人類《じんるい》にとってよいことなのか……、深《ふか》く考えてからAIに伝《つた》えたいところですね。

ちなみにこの人類究極《じんるいきゅうきょく》の問《と》いは、「アライメント問題《もんだい》」と呼《よ》ばれています。答えを間違《まちが》えたら人《じん》類絶滅《るいぜつめつ》コースかも……。答え合わせをするチャンスは一回きりです。

宅配便《たくはいびん》のドライバーも
宅配便でーす

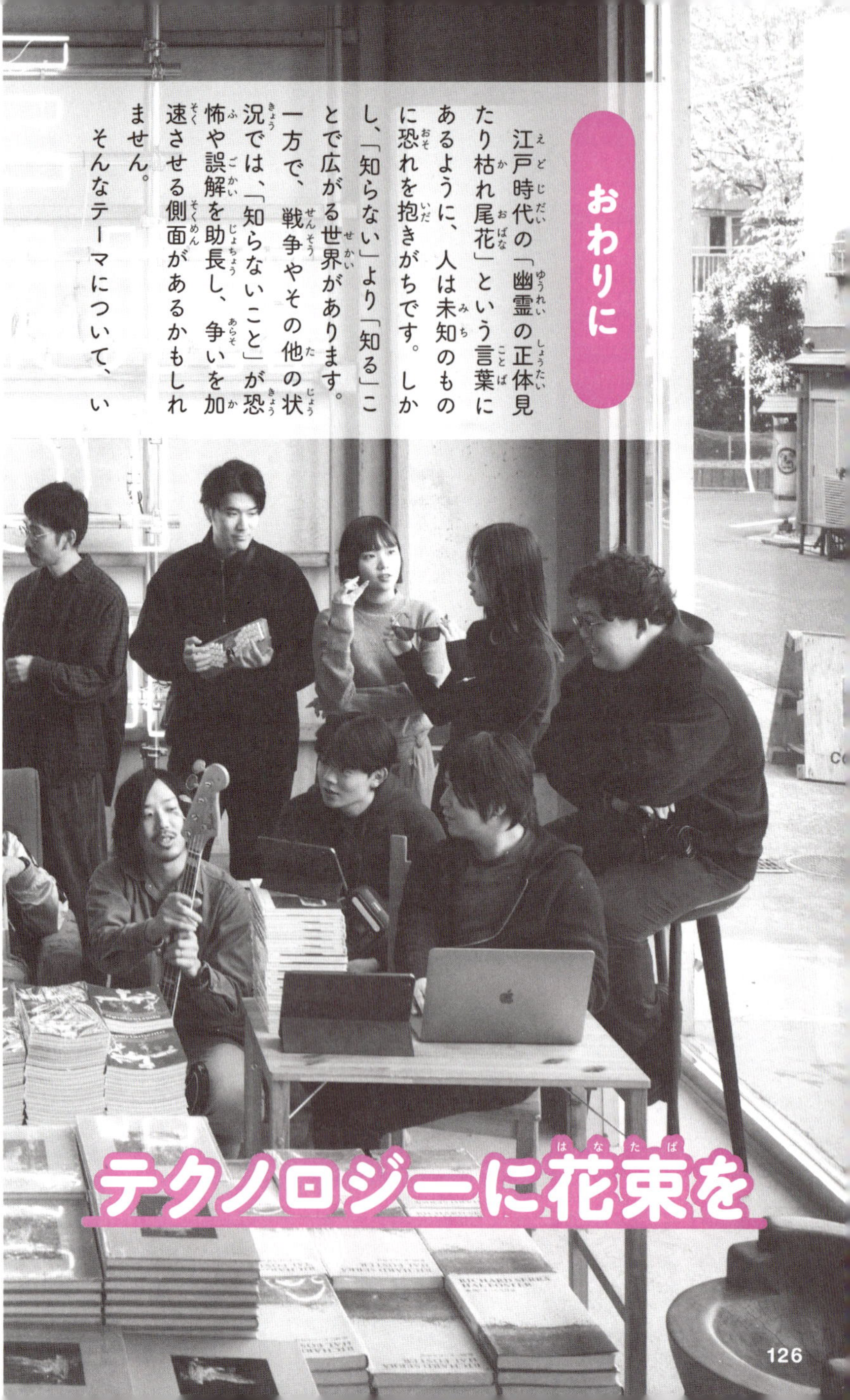

おわりに

江戸《えど》時代《じだい》の「幽霊《ゆうれい》の正体《しょうたい》見たり枯《か》れ尾花《おばな》」という言葉《ことば》にあるように、人は未知《みち》のものに恐《おそ》れを抱《いだ》きがちです。しかし、「知らない」より「知る」ことで広がる世界《せかい》があります。

一方で、戦争《せんそう》やその他《た》の状《じょう》況《きょう》では、「知らないこと」が恐《きょう》怖《ふ》や誤解《ごかい》を助長《じょちょう》し、争《あらそ》いを加《か》速《そく》させる側面《そくめん》があるかもしれません。

そんなテーマについて、い

テクノロジーに花束《はなたば》を

ち早くAIでミュージックビデオを制作《せいさく》したONE OK ROCKのボーカルTakaさんや北田《きただ》一真《かずま》監督《かんとく》と語《かた》り合いました（2024年12月ギズモード対談《たいだん》より）。

本書が、テクノロジーを「知り」そして「興味《きょうみ》を持《も》つ」きっかけになれば幸《さいわ》いです。続《つづ》きはギズモード・ジャパンのサイトやSNSチャンネルで！まだまだお楽しみは続《つづ》きますよ。

ギズモード・ジャパン
総編集長《そうへんしゅうちょう》 尾田《おだ》和実《かずみ》

著者／ギズモード・ジャパン

「未来への水先案内人」として、多くの支持を集める日本最大のテクノロジー情報サイト。PCやスマホといったガジェットはもちろん、AI、宇宙、クルマ、アート、音楽、デザインなど、多彩なジャンルの考察と、新しいプロダクトのニュースを日々発信しています。運営は株式会社メディアジーン。

ギズモード・ジャパン公式サイト　YouTubeチャンネル　TikTok　X

STAFF

デザイン・DTP　澤田由起子（ARENSKI）
イラスト　小泉マリコ
ライティング　武者良太（P64-65、P72-73、P76-79、P84-85、P88-95、P104-107、P110-113、P116-119）
小暮ひさのり（P30-41、P44-45、P50-51、P54-55、P58-59、P62-63、P66-71、P74-75）
TeaTree Studio
ライティング協力　山田ちとら
撮影　高木康之
校正　光永玲子
編集　高嶋順子（TeaTree Studio）
花本智奈美（扶桑社）

ギズモード・ジャパンのテック教室

発行日　2025年2月4日　初版第1刷発行

著　者　ギズモード・ジャパン
発行者　秋尾弘史
発行所　株式会社 扶桑社
〒105-8070
東京都港区海岸1-2-20　汐留ビルディング
電話　03-5843-8843（編集）
03-5843-8143（メールセンター）
www.fusosha.co.jp

印刷・製本　サンケイ総合印刷株式会社

Printed in Japan　ISBN978-4-594-09968-8